Números de teléfono

Teléfono del trabajo de la madre: _____

Teléfono del trabajo del padre: _____

Nombre del vecino: _____

    Teléfono: _____

Nombre de la niñera: _____

    Teléfono: _____

Nombre de la escuela: _____

    Teléfono: _____

Nombre de la escuela: _____

    Teléfono: _____

Otros teléfonos:

Nombre: _____

    Teléfono: _____

Nombre: _____

    Teléfono: _____

Nombre: _____

    Teléfono: _____

Nombre: _____

    Teléfono: _____

¿Qué hacer cuando su niño se enferma?

Gloria Mayer, Enfermera diplomada
Ann Kuklierus, Enfermera diplomada

Institute for Healthcare Advancement
15111 East Whittier Blvd., Suite 460
Whittier, California 90603
© 1999, Institute for Healthcare Advancement.
Todos los derechos reservados.

Impreso en Estados Unidos
05 04 03 02 01 00 99   5 4 3 2 1

ISBN: 0-8281-1441-2

A nuestros lectores

Este libro está dirigido a madres, padres y a cualquier otra persona que esté al cuidado de niños. Esperamos que resulte útil para que sus niños estén protegidos.

Aquí le indicamos lo que debe hacer al obtener este libro.

- Complete los números de teléfono al principio del libro. Conserve el libro donde pueda encontrarlo fácilmente.

- Consulte las páginas vi–x para ver el contenido del libro.

- Lea y siga los consejos de seguridad de las páginas 2–8.

- Consulte la página v para ver cuándo debe llamar al médico.

- Lea algunas páginas todos los días. Así sabrá qué hacer cuando el niño se enferme.

- Tome un curso de resucitación cardiopulmonar (CPR). De este modo sabrá qué hacer si alguna vez el niño sufre un paro cardíaco o respiratorio. Llame al hospital local, a la Asociación Americana del Corazón (American Heart Association) o a la Cruz Roja Americana (American Red Cross) para averiguar dónde puede tomar este curso.

- Al final del libro, hay un glosario. Allí se explica el significado de algunas palabras.

A nuestros lectores

Este libro ha sido leído por médicos y enfermeras capacitados en el cuidado de niños. Ellos aprueban la información que aquí se ofrece y han manifestado que es confiable y útil.

Sin embargo, todos los niños son diferentes. Algunos de los consejos de este libro pueden resultar inadecuados para su hijo. Cada madre, padre o persona que esté al cuidado de un niño debe decidir cuándo llamar al médico o cuándo acudir al hospital. Si el niño está enfermo y usted tiene dudas, preguntas o inquietudes acerca de los consejos del libro, consulte a su médico de inmediato. Siga siempre las indicaciones de su médico o de la enfermera.

Cuándo llamar al médico o a la clínica

A veces es necesario llamar al médico u obtener ayuda inmediatamente, por ejemplo:

- El niño tiene problema para respirar.
- Hemorragia que no se detiene.
- Una lesión que usted piense pueda causar la muerte del niño.
- Sangre en la orina o en el excremento del niño.
- Expectoración o vómito de sangre.
- Diarrea y ausencia de orina durante 6 horas.
- La mollera del bebé sobresale o está hundida.
- Dolor de oídos o secreción de líquido, pus o sangre.
- El niño tiene problemas para tragar o no come.
- El niño tiene fiebre y tortícolis (no puede tocarse el pecho con la barbilla).
- Temperatura rectal de 100.2°F (37.8°C), si el bebé tiene menos de 2 meses.
- Temperatura rectal de 101°F (38.3°C), si el bebé tiene entre 2 y 6 meses.
- Temperatura rectal de 103°F (39.4°C), si el bebé tiene entre 6 meses y 2 años.

Ésta es una lista breve de las situaciones en las que debe llamar al médico u obtener ayuda de inmediato. Lea en el libro otras circunstancias en las que debe llamar a su médico o a la enfermera.

Contenido del libro

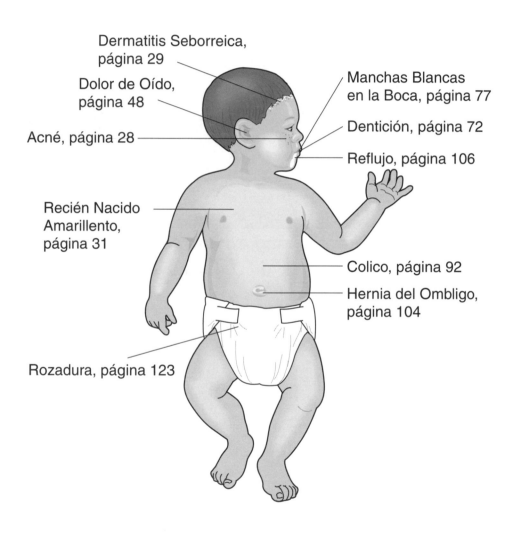

Dermatitis Seborreica, página 29

Dolor de Oído, página 48

Acné, página 28

Recién Nacido Amarillento, página 31

Rozadura, página 123

Manchas Blancas en la Boca, página 77

Dentición, página 72

Reflujo, página 106

Colico, página 92

Hernia del Ombligo, página 104

Contenido del libro

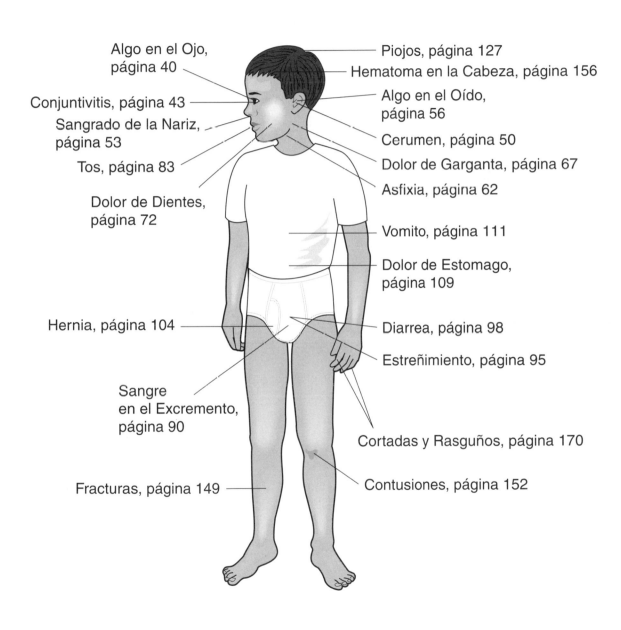

Algo en el Ojo, página 40

Conjuntivitis, página 43

Sangrado de la Nariz, página 53

Tos, página 83

Dolor de Dientes, página 72

Hernia, página 104

Sangre en el Excremento, página 90

Fracturas, página 149

Piojos, página 127

Hematoma en la Cabeza, página 156

Algo en el Oído, página 56

Cerumen, página 50

Dolor de Garganta, página 67

Asfixia, página 62

Vomito, página 111

Dolor de Estomago, página 109

Diarrea, página 98

Estreñimiento, página 95

Cortadas y Rasguños, página 170

Contusiones, página 152

Contenido del libro

1. **Consejos de seguridad**   **1**

2. **Cuidado del niño enfermo**   **11**
   - Cómo saber si su niño tiene fiebre   12
   - Fiebre   16
   - Infección   20

3. **Su bebé recién nacido**   **27**
   - Acné en recién nacidos   28
   - Dermatitis seborreica   29
   - Recién nacido amarillento (Ictericia)   31
   - Ombligo supuratorio   33
   - Vacunas (Inmunización)   36

4. **Ojos**   **39**
   - Algo extraño en el ojo   40
   - Conjuntivitis   43

5. **Oídos y nariz**   **47**
   - Dolor de oídos   48
   - Cerumen (cerilla en el oído)   50
   - Sangrado de la nariz   53
   - Algo extraño en el oído   56
   - Algo extraño en la nariz   59

Contenido del libro

6. Boca y garganta   61

- Asfixia   62
- Dolor de garganta   67
- El niño se comió algo extraño   70
- Dentición   72
- Dolor de dientes/muelas   74
- Manchas blancas en la boca (candidiasis bucal)   77

7. Pulmones   79

- Resfriado y gripa   80
- Tos   83
- Crup   86

8. Abdomen   89

- Sangre en el excremento   90
- Cólico   92
- Estreñimiento   95
- Diarrea   98
- Alergias alimenticias   101
- Hernia   104
- Reflujo   106
- Dolor de estómago   109
- Vómito   11

9. Orinar en la cama   115

10. Piel   119

- Varicela   120
- Dermatitis (rozadura) causada por el pañal   123

- Eczema   125
- Piojos   127
- Sarpullido causado por el calor   130
- Prurigo (comezón)   132
- Impétigo (Úlceras infectadas)   134
- Urticaria   136
- Sarna   138
- Quemadura de sol   140

11. Qué hacer cuando su niño se lastima   143

- Mordeduras   144
- Hemorragias   146
- Fracturas   149
- Contusiones   152
- Picaduras de insectos   154
- Hematomas (chichón) en la cabeza   156
- Quemaduras   160
- Resucitación cardiopulmonar (CPR)   164
- Cortadas y rasguños (arañazos)   170
- Ahogo   172
- Intoxicación (envenenamiento)   174

Consejos de seguridad 1

Notas

Consejos de seguridad

¿Qué son?

Los consejos de seguridad le indican qué debe hacer para mantener a su hijo seguro. Muchos niños sufren heridas graves o mueren en accidentes. Sea prudente, siga estos consejos para que su hijo esté seguro.

¿Qué puedo hacer para evitar fracturas?

- Nunca deje solo a un niño pequeño en un lugar elevado, ni siquiera por algunos segundos. Esto incluye sofás, cambiadores o carritos de compras. El niño puede sufrir una caída seria.

- Las barandas de la cuna siempre deben llegar a la altura de la barbilla del bebé.

- No use un andador. El bebé puede caerse o chocar contra una puerta de seguridad.

- Ponga cerraduras de seguridad en las ventanas. El niño puede abrir una ventana y caer.

¿Qué puedo hacer para evitar quemaduras?

- Mantenga los fósforos y encendedores alejados de los niños. Enséñeles que no deben jugar con fósforos ni con otros elementos que puedan provocar un incendio.

- Coloque detectores de humo en todos los dormitorios y en el corredor. Cambie las baterías cada 4 ó 6 meses.

Consejos de seguridad

- Compre un extinguidor de incendio para el hogar. Téngalo a mano. Aprenda a usarlo.

- Ponga el calentador de agua a 120°F (49°C). Si la temperatura es más alta que la mencionada, el agua puede quemar al niño.

- Antes de colocar al niño en la bañera, asegúrese de que el agua no esté demasiado caliente. Para saber la temperatura del agua, coloque el codo en el agua de baño.

- Mantenga a los niños alejados de la estufa, las planchas y las tenacillas para rizar el cabello.

- A los niños les gusta estirarse y tomar cosas. Aparte las asas de las ollas para que el niño no pueda agarrarlas.

- Nunca sostenga a su hijo mientras bebe un líquido caliente, por ejemplo café.

- Nunca sostenga a su hijo mientras cocina en la estufa.

- Nunca caliente el biberón o los alimentos del niño en un horno de microondas. Algunas partes pueden calentarse demasiado y quemar al niño.

- Enséñeles qué hacer en caso de incendio.

¿Qué puedo hacer para evitar la asfixia?

- Los bebés y los niños pequeños pueden atragantarse con algunos alimentos como:
  - Palomitas de maíz
  - Goma de mascar
  - Dulces pequeños y duros como M&Ms
  - Uvas   ○ Nueces (nuts)
  - Perritos calientes (hot dogs)
  - Pasas   ○ Vegetales crudos.
- No dé a un niño pequeño ningún alimento que sea pequeño, duro y redondo.
- Los niños pueden atragantarse con:
  - Globos   ○ Baterías de reloj
  - Huesos de cereza
  - Semillas de naranja
  - Monedas
- Enséñeles a masticar bien. Corte bien los alimentos como perritos calientes (hot dogs), uvas y vegetales crudos.
- No permita que el niño corra con cosas en la boca.
- Asegúrese que los juguetes no tengan piezas pequeñas que se puedan quitar.

- No dé a los niños pequeños juguetes que tengan piezas más pequeñas que:

- Asegurese que el chupón no tenga partiduras. Compre un nuevo chupón cada 2 o 3 meses.

- Enseñe al niño que sólo debe colocarse comida en la boca.

¿Qué puedo hacer para evitar que el niño se ahogue?

- Un niño pequeño puede ahogarse en muy poca cantidad de agua, por ejemplo en una cubeta. No deje agua en las cubetas. Vacíe la piscina del bebé cuando no la use.

- Un niño pequeño también puede ahogarse en el inodoro (sanitario). Ponga un seguro en la tapa del inodoro (sanitario). Cierre la puerta del cuarto de baño con llave o use una puerta de seguridad para que el bebé no pueda entrar.

- Nunca deje solo al niño cerca del agua. No corra riesgos, ni siquiera por algunos segundos.

- No deje solo al niño en la bañera. No corra riesgos, ni siquiera por algunos segundos.

Consejos de seguridad

- Coloque cercas alrededor de las piscinas, spas, estanques y otras masas de agua.

- Enséñele a nadar, **pero permanezca siempre con él.** Hasta un niño que sabe nadar puede ahogarse.

- Enséñele a no acercarse al agua solo.

- Enséñele que debe nadar siempre en compañía de un adulto.

¿Qué puedo hacer para evitar lesiones en la cabeza?

- Su hijo siempre debe usar un casco para practicar ciertos deportes. Esto incluye andar en bicicleta, patines y patineta o monopatín. El casco debe cubrir la parte superior de la frente.

- Lleve al niño en el asiento trasero del automóvil. Es el lugar más seguro. El niño debe ir siempre en un asiento para niños o usar el cinturón de seguridad.

- Si el asiento del acompañante tiene bolsas de aire, **nunca** lleve al niño en el asiento delantero.

Consejos de seguridad

- El asiento del niño dependerá de la edad y el peso del niño.

  - Coloque a los niños de hasta 20 libras (9 kilos) en un asiento para bebés en dirección hacia la parte trasera del automóvil. El asiento de bebé debe estar inclinado hacia atrás.

  - Coloque a los niños de más de 20 libras (9 kilos) y un año en un asiento para niños en dirección hacia la parte delantera del automóvil.

  - Coloque a los niños de 4 años que pesan 40 libras (18 kilos) en un asiento auxiliar con el cinturón de seguridad ajustado. Baje el cinturón de seguridad que sujeta el hombro para que ajuste los hombros y no el cuello del niño.

- Nunca deje al niño solo en un lugar elevado de donde pueda caerse.

- Las barandas de la cuna siempre deben llegar a la altura de la barbilla del bebé.

- Coloque una barrera para impedir que el niño tenga acceso a las escaleras.

- Cierre con llave todas las puertas que conducen a las escaleras.

- Nunca sacuda ni golpee al bebé. El cráneo de su bebé es muy blando y esto puede herirlo y llegar a matarlo.

¿Qué puedo hacer para evitar intoxicación (envenenamiento)?

- Compre medicinas con tapas a prueba de niños.

- Guarde las medicinas y las vitaminas fuera del alcance de los niños.

- Si tiene invitados en su casa, ponga sus medicinas fuera del alcance del niño.

- Nunca le diga al niño que la medicina es un dulce.

- Lea bien la etiqueta antes de darle una medicina al niño. Durante la noche se cometen muchos errores. Encienda la luz y mire bien la etiqueta del envase.

- Guarde todos los productos de limpieza y otras sustancias venenosas en gabinetes cerrados con llave. El niño podría ingerirlas. No guarde jabón, productos de limpieza o productos similares debajo del fregadero o del lavamanos. Sólo puede hacerlo si usa **siempre** cerraduras de seguridad.

- Siempre guarde los productos en sus envases originales. No ponga sustancias venenosas en frascos de alimentos ni en botellas.

- Ponga una etiqueta, como "Sr. Yuk" en frascos o botellas que tienen veneno. Enseñe al niño que no debe tocar nada que tenga la etiqueta "Sr. Yuk."

POISON CENTER
©CHospPgh
MR. YUK

- No le permita que descascare y se coma la pintura vieja. Su hijo puede sufrir una intoxicación de plomo.

- Nunca mezcle productos de limpieza como cloro y amoníaco. Puede despedir un gas que puede intoxicarlo seriamente.

¿Qué más puedo hacer por la seguridad de mi hijo?

- Nunca deje al niño solo en un automóvil. No corra riesgos, ni siquiera por algunos minutos.

- Haga dormir al niño boca arriba, no boca abajo. No coloque almohadas en la cuna. **Nunca** haga dormir al niño en una cama de agua.

- A los bebés y a los niños pequeños les gusta agarrar cosas. Aleje la cuna de aquellas cosas que el bebé pueda jalar hacia la cuna. Esto incluye persianas, cortinas, cuerdas colgantes.

- Mantenga todas las cuerdas fuera del alcance de los niños. El niño puede atarla alrededor de su cuello o puede poner la cabeza adentro de las dos cuerdas y estrangularse.

- Cubra todas las tomas eléctricas con cubiertas plásticas de seguridad.

- Enseñe a los niños que nunca deben tocar interruptores de la luz ni cosas eléctricas estando en contacto con el agua.

- Guarde los elementos filosos lejos del alcance de los niños. Estos elementos incluyen cuchillos, agujas, alfileres y clavos.

Consejos de seguridad

- Mantenga las bolsas de plástico fuera del alcance de los niños.
- Cubra todas las esquinas afiladas de los muebles.

Consejos para el cuidado del niño enfermo

Notas

_____

_____

_____

_____

_____

_____

_____

_____

_____

_____

_____

_____

_____

_____

Cómo saber si su niño tiene fiebre

¿Qué es?

Fiebre es la elevación de la temperatura del cuerpo. La temperatura normal de la mayoría de los niños es de alrededor de 98.6°F (37°C). Para averiguar si el niño tiene fiebre, debe tomarle la temperatura. **Debe usar un termómetro.** Es posible que el niño parezca caliente al tacto y que no tenga fiebre. Si el niño tiene fiebre, vaya a la página 16.

¿Cómo se toma la temperatura?

Hay 4 maneras de verificar si el niño tiene fiebre.

1. Temperatura rectal (para niños menores de 4 años)

- Debe usar un termómetro rectal e introducirlo por la punta que tiene la cubeta de mercurio corta y redondeada en el sitio de donde sale el excremento (el recto).
  No debe usar un termómetro bucal (oral) que tiene una punta o cubeta de mercurio más larga y fina.
- Limpie el termómetro con agua y jabón.
- Sostenga el termómetro por el extremo opuesto a la cubeta de mercurio. Agítelo hasta que esté en 96°F (35.5°C) o menos. Para lograrlo, sostenga el termómetro firmemente entre los dedos

y mueva la muñeca bruscamente. Tenga cuidado de no golpear nada al hacerlo.

- Coloque Vaselina en la cubeta de mercurio (la punta plateada que se introduce en el recto).

- Ponga al niño boca abajo sobre su falda. Para niños más grandes puede usar un cambiador o una cama.

- Deslice la punta plateada del termómetro suavemente ½–1 pulgada (2.5 centímetros) dentro del recto. No la fuerce.

- Sostenga el termómetro en el lugar durante unos 3 minutos.

- Mantenga al niño quieto. Evite que el niño gire sobre el termómetro.

2. Temperatura bucal (oral) (para niños mayores de 4 años)

- Debe usar un termómetro oral. No use un termómetro rectal.

- Limpie el termómetro con agua y jabón.

- No permita que el niño tome líquidos durante 15 minutos. Luego tome la temperatura.

- Sostenga el termómetro por el extremo opuesto a la cubeta de mercurio. Agítelo hasta que esté en 96°F (35.5°C) o menos.

- Coloque el termómetro debajo de la lengua del niño y ciérrele los labios. Asegúrese de que el niño no muerda el termómetro.

- Déjelo en la boca durante 3 minutos.

3. **Temperatura debajo del brazo (axila) (para niños mayores de 3 meses)**

- Puede usar un termómetro rectal u oral.

- Agite el termómetro hasta que esté en 96°F (35.5°C) o menos.

- Coloque la cubeta de mercurio del termómetro en el centro de la axila seca.

- Sostenga el codo del niño contra el pecho durante 5 ó 6 minutos.

- Si la temperatura es mayor de 101.5°F (38.6°C), vuelva a tomar la temperatura en la boca o el recto.

4. Temperatura auricular (por el oído) (para todas las edades)

- Los termómetros auriculares son costosos pero fáciles de usar. Dan una lectura de la temperatura en números.

- Coloque el extremo del termómetro suavemente en el oído. Espere 2 segundos.

- La temperatura aparecerá en el termómetro en números.

¿Cómo se lee el termómetro (rectal u oral)?

- El termómetro tiene marcas entre 92 y 108°F (33 y 42°C).

Temperatura Normal

- Cada una de las marcas grandes representa un grado de temperatura. Cada marca pequeña representa 0.2 grados.

- Gire el termómetro hasta ver una línea plateada o negra.

- Observe dónde termina la línea plateada o negra. Esto indica la temperatura del niño. Si es inferior a 98°F (36.6°C), vuelva a tomarla. Tal vez sea necesario dejar el termómetro más tiempo.

- Si la línea supera los 98°F (36.6°C), anote la temperatura. Agite el termómetro hasta bajarlo a 96°F (35.5°C) y guárdelo.

Fiebre

¿Qué es?

Temperatura del cuerpo más alta de 99–99.5°F (37.2–37.5°C) por boca (oral) o 100–100.5°F (37.7–38°C) por recto. Todos los niños tienen fiebre alguna vez. Generalmente, la fiebre es un signo de infección. La temperatura normal de la mayoría de los niños es de unos 98.6°F (37°C).

¿El niño tiene alguno de estos síntomas?

- Rostro enrojecido.
- Piel caliente y hasta húmeda.
- Escalofríos.
- Ojos vidriosos.
- Respiración y latidos del corazón acelerados.
- El niño puede estar lloroso y tener dolor de cabeza.

¿Qué puedo hacer en casa?

- Dé al niño mucho líquido. Las paletas de helado y las bebidas frías alivian la fiebre.
- Vista al niño con prendas livianas. Demasiada ropa puede aumentar la fiebre.
- Mantenga la habitación fresca. Baje la calefacción. Si hace calor en la habitación, use un ventilador.
- No es necesario ningún otro cuidado especial, a menos que la temperatura oral supere los 101°F (38.3°C) o la

rectal los 102°F (38.8°C) y el niño tenga aspecto de enfermo.

- Déle Tylenol cada 4 ó 6 horas si la temperatura oral supera los 101°F (38.3°C). Lea la etiqueta para averiguar la dosis.

- **No dé aspirina a ninguna persona menor de 21 años.**

- Tome la temperatura del niño 30 minutos después de haberle dado el Tylenol. Si la temperatura oral sigue superando los 102°F (38.8°C) o la rectal los 103°F (39.4°C), pásele una esponja humedecida con agua tibia.

- Hágalo de la siguiente manera: Coloque al niño en 3 pulgadas (aproximadamente 8 centímetros) de agua tibia. Humedezca al niño con una toalla o esponja durante 10 ó 15 minutos. Deténgase si el niño comienza a temblar. Los escalofríos aumentan la fiebre.

- No ponga alcohol en el agua.

¿Cuándo debo llamar al médico o a la enfermera?

- El bebé tiene menos de 2 meses y tiene 100.2°F (37.8°C) o más de temperatura (rectal).

- El bebé es entre 2 y 6 meses de edad y tiene 101°F (38.3°C) o más de temperatura (rectal).

- El niño tiene más de 6 meses y tiene 103°F (39.4°C) o más de temperatura (rectal).

- Sufre convulsiones.

- Llora cuando lo toca o lo mueve y no hay forma de consolarlo.

17

- Tiene tortícolis (no puede tocarse el pecho con la barbilla).

- Es difícil hacer que se despierte.

- Tiene problema para respirar.

- La mollera del bebé sobresale o está hundida.

- El niño presenta signos de infección. Esto incluye tos muy fuerte, manchas blancas en la garganta, ardor al orinar o dolor de oídos.

- Devuelve (vomita) o tiene dolor de estómago.

- Tiene manchas moradas que parecen contusiones.

¿Qué debo hacer si mi hijo tiene convulsiones?

- La fiebre alta puede provocar convulsiones. Llame al médico. Los niños con convulsiones deben recibir atención médica.

- **No** intente detener el movimiento de los brazos y las piernas.

- Acueste al niño de lado para que no se ahogue al vomitar.

- No coloque nada en la boca del niño.

- **Llame al 911** si el niño tiene problema para respirar o se pone morado. También **llame al 911** si las convulsiones duran más de 2 ó 3 minutos.

- Quítele las ropas ajustadas y abrigadas y los calcetines para bajar la fiebre.

- Coloque un paño húmedo y frío en la frente y el cuello del niño.

- Pásele una esponja humedecida con agua tibia sin sacarlo de la cama.

- Si empieza a temblar, deje de humedecerlo y cúbralo ligeramente.

- No coloque al niño en la bañera durante las convulsiones.

- No le dé alimentos ni bebidas durante o inmediatamente después de las convulsiones.

¿Qué más debo saber acerca de la fiebre?

- La fiebre no es una enfermedad. Es la respuesta del cuerpo a una enfermedad o a una herida.

- En la mayoría de los casos, la fiebre se debe a infecciones virales y dura 2 ó 3 días.

- Muy pocos niños sufren convulsiones provocadas por la fiebre.

- Es posible que el niño tenga fiebre después de recibir una vacuna (inmunización).

Infección

¿Qué es?

Enfermedad provocada por gérmenes invisibles al ojo humano. Los gérmenes se contagian de una persona a otra. El niño puede tener una infección dentro del cuerpo, por ejemplo resfriado y gripa. Las infecciones también pueden alojarse en la piel, por ejemplo en cortadas y rasguños (arañazos).

¿El niño tiene alguno de estos síntomas?

Si hay una infección dentro del cuerpo, es posible que observe:

- Estornudos y tos
- Fiebre
- Dolor de oídos, garganta, cabeza u otras partes del cuerpo
- Ardor al orinar
- El niño no quiere comer ni beber
- Tiene aspecto de enfermo

Si hay una infección en la piel, es posible que observe:

- Enrojecimiento
- Rayas rojas en la piel
- Hinchazón y calor en la piel
- La cortada o la herida supura una sustancia amarilla (pus)

- Fiebre
- Dolor

¿Qué puedo hacer en casa?

- Si el médico le receta una medicina, asegúrese de usarla hasta terminarla. Hágalo aunque el niño parezca estar bien pasados algunos días.
- Dé al niño mucho líquido.
- Lave bien las infecciones de la piel con agua y jabón.
- Remojé la piel.
  Coloque la medicina, si el médico así lo indica.
- Mantenga la piel limpia y seca.

¿Cuándo debo llamar al médico o a la enfermera?

- Usted sospecha que el niño tiene una infección.

¿Qué puedo hacer para evitar que la infección se propague?

- **Enseñe al niño las siguientes conductas para detener la propagación de las infecciones:**

  - Lavarse las manos frecuentemente. No tocarse la nariz ni la boca.
  - Cubrirse la boca y la nariz con un pañuelo de papel al estornudar o al toser.
  - Usar pañuelos de papel limpios y botarlos una vez usados.
  - No besar a otros ninos ni a mascotas.

- No usar las tazas, cucharas ni toallas de otros niños.

- No tocar los sarpullidos o heridas de otros niños.

- **Conductas para detener la propagación de las infecciones:**

  - Las vacunas protegen al niño de algunas infecciones. Asegúrese de que sus hijos reciban todas las vacunas necesarias.

  - Lávese bien las manos frecuentemente.

  - Muchas infecciones se propagan en la cocina. Use una tabla de plástico para cortar. Es difícil eliminar los gérmenes de las tablas de madera. Lave la tabla con agua caliente y jabón frecuentemente.

  - Si colocó carne cruda sobre una tabla para cortar u otra superficie, lave el área con agua y jabón. Hágalo antes de colocar otros alimentos.

  - Cocine bien los alimentos, especialmente el pollo. Esto mata los gérmenes.

  - No deje los alimentos que se puedan dañar a temperatura ambiente. Guárdelos en el refrigerador.

  - Coloque los pañales sucios en botes de basura cerrados.

  - Lave los juguetes frecuentemente.

  - Mantenga su casa limpia.

Medicinas sin receta

¿Qué son?

Las medicinas sin receta, llamadas **OTC** (por sus siglas en inglés), son aquellas que se pueden comprar sin una orden (receta) médica. Sirven para aliviar los síntomas.

¿Cuáles son?

Existen muchas medicinas sin receta. Su hijo sólo necesitará algunas. Algunas de las medicinas sin receta que debe conocer son:

- Tylenol (Acetaminofeno). Úselo para la fiebre o el dolor.
- Medicinas para la tos como Robitussin DM. Úselo para la tos seca que no deja dormir al niño.
- Dimetapp Elixir. Úselo cuando la nariz esté suelta o tapada.
- Loción de calamina. Úsela para sarpullido o comezón del cuerpo.
- Desitin o ungüento de óxido de zinc. Úselo para la dermatitis (rozadura) causada por el pañal.

¿Qué puedo hacer en casa?

- Consulte al médico antes de darle una medicina sin receta a bebés menores de 9 meses. Puede usar el ungüento para la dermatitis (rozadura) causada por el pañal sin consultar al médico.

- Déle este tipo de medicina sólo cuando sea necesario. Si el niño tiene fiebre pero está jugando y come, no es necesario administrar Tylenol.

- **No dé aspirinas al niño. Use Tylenol.**

- Déle siempre la dosis correcta. ¡Demasiada medicina puede producir envenenamiento y hasta la muerte! Lea la etiqueta cuidadosamente. Si no está seguro acerca de la dosis a darle, consulte a su médico, enfermera o farmacéutico.

- No despierte al niño para darle una medicina sin receta, a menos que lo indique el médico.

- Siempre déle la medicina con la cuchara, el medidor o el gotero que viene en el envase. Si lo pierde, pida otro en la farmacia.

- **No** use una cuchara de cocina para medir la medicina. La dosis puede resultar excesiva o escasa.

- No le dé medicinas por boca a un niño que está vomitando. Tampoco lo haga si el niño está soñoliento, llorando o tosiendo porque corre el riesgo de que se ahogue.

- No confunda las palabras cucharadita y cucharada. El símbolo para cucharadita es una c pequeña. El símbolo para una cucharada es una C grande. Una cucharada contiene tres cucharaditas.

> c = Cucharadita   = Cdta.   = 5 ml. o 5 cc
>
> C = Cucharada   = Cda.   = 15 ml. o 15 cc

- Conserve todas las medicinas en sus envases originales. Manténgalas fuera del alcance de los niños.

- Nunca diga que la medicina es un "dulce."

¿Cuándo debo llamar al médico o a la enfermera?

- No está seguro de dar al niño una medicina sin receta.

- No sabe cuál dosis darle.

- Cree que el niño tiene una reacción a una medicina. Puede presentar problema para respirar y también hinchazón del rostro, sarpullido en el cuerpo o vómitos.

- Está preocupado o tiene dudas.

¿Qué más debo saber acerca de las medicinas sin receta?

- Sea prudente. Lea bien la etiqueta cada vez que le dé una medicina.

- Las medicinas sin receta no curarán más rápido a su hijo. Pueden aliviar el malestar.

Su bebé recién nacido 3

Acné en recién nacidos

¿Qué es?

Pequeños puntos blancos en el rostro. El acné puede comenzar entre las 2 y las 4 semanas de vida. Generalmente desaparece cuando el bebé tiene entre 4 y 6 meses.

¿El niño tiene alguno de estos síntomas?

- Granos con el centro oscuro, llamados puntos negros.
- Granos con el centro claro, llamados puntos blancos.
- Los granos a menudo se encuentran en la nariz, en el rostro o en el cuello.

¿Qué puedo hacer en casa?

- Lávele la cara cuidadosamente, usando un jabón neutro.
- No los toque ni los rasque.
- No aplique cremas ni otros productos.

¿Cuándo debo llamar al médico o a la enfermera?

- Los granos enrojecen o comienzan a supurar.

¿Qué más debo saber acercdel acné?

- Muchos bebés tienen granos que desaparecen entre los 4 y 6 meses de vida. No necesitan tratamiento.
- Los granos no se contagian de una persona a otra.

Dermatitis seborreica

¿Qué es?

Proviene de las grasas del cuerpo y piel
vieja que se acumulan sobre la cabeza. La dermatitis seborreica
es normal en los recién nacidos. Tiene mal aspecto pero no
produce comezón ni dolor.

¿El niño tiene alguno de estos síntomas?

Escamas o costra grasosa amarillenta
en la cabeza del bebé (cuero cabelludo).
Es posible que también aparezca en la
frente, las cejas o detrás de los oídos.

¿Qué puedo hacer en casa?

- Lave la cabeza del bebé con champú
  para bebés una vez al día.

- Una vez que ha colocado el champú,
  cepille la cabeza del bebé con un
  cepillo suave. Esto quitará la costra.
  Retire las escamas con un peine fino.
  Finalmente, enjuague bien.

- Si las escamas son gruesas, frote la
  cabeza con aceite para bebés y
  después de 30 minutos lave bien con
  champú.

- La dermatitis seborreica puede provocar caída de cabello. No se preocupe. Volverá a crecer.

¿Cuándo debo llamar al médico o a la enfermera?

- La dermatitis seborreica no desaparece después de 2 semanas de lavado y cepillado diario.

- El bebé tiene sarpullido húmedo detrás de las orejas.

¿Qué más debo saber acerca de la dermatitis seborreica?

- La dermatitis seborreica puede comenzar a la semana de vida.

- Generalmente desaparece con dos semanas de tratamiento pero puede reaparecer.

Recién nacido amarillento (Ictericia)

¿Qué es?

Los ojos y la piel del recién nacido tienen un tono amarillento o anaranjado. Esto puede ocurrir cuando el bebé tiene entre 2 y 4 días de vida y debe desaparecer en el término de 1 ó 2 semanas.

¿El niño tiene alguno de estos síntomas?

El rostro, el pecho, el estómago y la espalda tienen un aspecto amarillento o anaranjado. Lo mismo ocurre en los ojos y, a veces, en los brazos y las piernas.

¿Qué puedo hacer en casa?

- Alimente al bebé con más frecuencia.

¿Cuándo debo llamar al médico o a la enfermera?

- El tono amarillento o anaranjado aumenta o se extiende a los brazos y las piernas.

- El color amarillento o anaranjado no desaparece al término de 2 semanas.

- El bebé tiene fiebre. Vaya a la página 16 para consultar cómo comprobar si el bebé tiene fiebre.

- Está cansado y no come bien.

- No evacua, por lo menos, 2 veces en 24 horas.

- Tiene aspecto de enfermo.
- No moja el pañal cada 6 horas.

¿Qué más debo saber acerca de la ictericia?

- Compruebe el color del bebé todos los días bajo luz natural. Llame al médico si el bebé se pone más amarillento o anaranjado.

Ombligo supuratorio

¿Qué es?

Líquido que sale de la zona que rodea el ombligo del bebé.

¿El niño tiene alguno de estos síntomas?

- El cordón está anudado o ha comenzado a despegarse pero aún permanece unido al ombligo.

- La piel del ombligo está enrojecida y en carne viva.

- La zona del ombligo supura un líquido amarillo, verde o sangriento.

- Hay una costra seca sobre o alrededor del ombligo.

¿Qué puedo hacer en casa?

- Mantenga el ombligo siempre seco. Cuide que el pañal no lo cubra haciendo un corte en forma de V en un pañal desechable o bien doblando un pañal de tela.

- Manténgalo al aire libre tanto como sea posible.

- Limpie la zona que rodea al ombligo cada vez que cambie el pañal. Use alcohol al 70% en un cotonete (Q-tips) o una mota de algodón. Estos productos se pueden adquirir en cualquier farmacia o tienda de alimentos. Este no es el mismo tipo de alcohol que se bebe.

33

Ombligo supuratorio

- Levante el cordón y limpie la zona donde se une al cuerpo. No tema lastimar al bebé. El alcohol no arde. El bebé llorará porque el alcohol da una sensación de frío.

- No moje el cordon hasta que el cordon se caiga y el ombligo se cicatrice.

- **No** coloque talco ni lociones sobre o alrededor del ombligo.

¿Cuándo debo llamar al médico o a la enfermera?

- El cordón no ha caído al término de 3 semanas.

- El nudo de la base del cordón se desprende.

- El bebé tiene rayas rojas en la piel que rodea al ombligo.

- Hay granos o ampollas alrededor del ombligo.

- La zona supura mucho. El área de supuración es mayor que una moneda de 25 centavos.

- El ombligo presenta una hemorragia que no se detiene al presionar.

- El bebé tiene fiebre.

- Hay hinchazón o enrojecimiento alrededor del ombligo.

- La zona que rodea al ombligo tiene mal olor.

¿Qué más debo saber acerca del ombligo supuratorio?

- Es normal que se produzca una pequeña supuración en la zona que rodea al ombligo.

- El cordón debe desprenderse en el término de 1 a 2 semanas.

Ombligo supuratorio

- Deje que el cordón se desprenda por sí mismo. No lo despegue, aunque esté medio desprendido.

- Limpie con alcohol para evitar infecciones. Esto también ayuda a que el cordón se seque y se desprenda.

- Es posible que haya una pequeña hemorragia cuando se desprenda el cordón. El área de la hemorragia no debe ser mayor que una moneda de 25 centavos y debe detenerse al presionar suavemente durante 5 minutos.

Vacunas (Inmunización)

¿Qué son?

Las vacunas evitan que el niño contraiga enfermedades graves. El bebé debe comenzar a recibir las vacunas a las 2 semanas de vida.

¿El niño tiene alguno de estos síntomas?

- Algo de enrojecimiento, dolor e hinchazón donde se aplicó la vacuna.

- El niño llora y está molesto.

- Tiene fiebre y sarpullido.

¿Qué puedo hacer en casa?

- El niño debe descansar.

- Déle Tylenol para la fiebre y el dolor. Lea la etiqueta para averiguar la dosis.

- Hágalo beber más líquidos.

- Para disminuir el dolor, coloque hielo en el área de la vacuna durante las primeras 24 horas. Envuelva el hielo en una toalla y aplíquelo durante 20 ó 30 minutos cada 4 horas.

- Si hay dolor en el 2do o 3er día, coloque un paño húmedo y tibio en el área en que se aplicó la vacuna.

¿Cuándo debo llamar al médico o a la enfermera?

- El niño llora durante más de 3 horas.

- Tiene fiebre durante más de 48 horas.

- Tiene aspecto de enfermo.

- La zona rojiza donde se aplicó la vacuna es mayor de 2 pulgadas (5 centímetros) y aumenta pasadas 24 horas.

- El niño sufre convulsiones.

¿Qué más debo saber acerca de las vacunas?

- Las vacunas también se conocen como vacunación o inmunización.

- Es necesario que el niño reciba todas las vacunas.

- El médico le facilitará un registro de las vacunas. Guárdelo en un lugar seguro (por ejemplo, en este libro). Lo necesitará cuando el niño comience la escuela.

- Lleve el registro de vacunas cada vez que vaya al médico.

- Avise a su médico si el niño recibió vacunas en otra clínica.

Vacunas (Inmunización)

(Las vacunas necesarias cambian—consulte a su médico enfermera o clínica para conocer las actualizaciones)

	Al Nacer	2 Meses	4 Meses	6 Meses	6–18 Meses	12–15 Meses	15–18 Meses	4–6 Años	11–12 Años
Difteria Tos ferina Tétanos (DPT)		X	X	X			X	X	
Polio (OPV/IPV)		X	X		X			X	
Sarampión Paratiditis Rubela (MMR)						X		X	
(Varicela)						X(1)			
Hepatitis B (HBV)	X	X			X				X(2)
Hemofilia Influenza B (Hib)		X	X	X		X			
Tétanos Difteria (refuerzo) (TD)									X

1 Las vacunas se ponen a los niños de 12 meses o más, quienes no han padecido de Varicela.
2 La serie de vacunas para la Hepatitis B se deben poner si aún no las tiene.

Extraído de: American Academy of Pediatrics (Academia Americana de Pediatría) Programa de vacunación de 1999

Ojos 4

Notas

_____

_____

_____

_____

_____

_____

_____

_____

_____

_____

_____

_____

_____

_____

_____

_____

Algo extraño en el ojo

¿Qué es?

Una pestaña, suciedad u otro elemento
o líquido que entra en el ojo del niño.

¿El niño tiene alguno de estos síntomas?

- El ojo está enrojecido.

- El niño no puede abrir el ojo.

- Lagrimea demasiado.

- El niño abre y cierra el ojo rápidamente (parpadea).

- El niño intenta tallarse el ojo.

- Usted ve algo en el ojo del niño.

¿Qué puedo hacer en casa?

- Evite que el niño se talle el ojo.

- Si entra líquido en el ojo, enjuáguelo **inmediatamente**
  con mucha agua tibia durante
  10 ó 15 minutos. Mantenga el
  ojo abierto bajo el agua
  corriente. También puede
  enjuagarlo con un gotero o con
  una taza de agua.

- Revise si hay algo en el ángulo
  del ojo.

Algo extraño en el ojo

- Baje el párpado inferior para buscar la causa de la molestia.

- Revise debajo del párpado superior deslizándolo sobre un cotonete (Q-tips).

- Si logra ver algo, enjuague el ojo con agua tibia.

- No intente quitar nada que esté encajado en el ojo. Cubra **ambos ojos** con un paño húmedo. Llame al médico o vaya al hospital.

¿Cuándo debo llamar al médico o a la enfermera?

- Hay algo encajado en el ojo.
- El niño siente que tiene algo en el ojo pero usted no lo encuentra.
- Del ojo sale líquido o sangre.
- El niño siente dolor en el ojo.
- No puede ver bien una hora después de haber enjuagado el ojo.
- En el ojo penetró un líquido ardiente.

¿Qué más debo saber acerca de algo extraño en los ojos?

- A menudo se aloja debajo del párpado superior.

- Tallarse puede lesionar el ojo ocasionando más problemas que lo que entró en el ojo.

- Como los ojos se mueven al mismo tiempo. Para evitar que uno de los ojos se mueva, cubra ambos.

Conjuntivitis

¿Qué es?

Irritación o infección de los ojos y los párpados. Puede estar provocada por varios motivos. Por ejemplo, alergia, virus y bacterias. La conjuntivitis se contagia fácilmente de una persona a otra.

¿El niño tiene alguno de estos síntomas?

- Los ojos están enrojecidos.
  Parecen llorosos.
- Los párpados están enrojecidos e hinchados.
- Hay una costra amarillenta o verdosa alrededor de los ojos y las pestañas.
- Por la mañana, los párpados están pegados.
- El niño siente comezón en los ojos.

¿Qué puedo hacer en casa?

- Lave sus manos y las del niño frecuentemente.
- No permita que el niño se toque o rasque los ojos.
- Enjuague los ojos con agua corricntc tibia. Haga esto si el niño tiene algo en el ojo.
- Mantenga los ojos libres de costras y pus. Lávelos cada 1 ó 2 horas mientras el niño esté despierto. Use un algodón

húmedo y tibio. No use el mismo algodón dos veces.

- Despegue la costra seca con agua tibia. Tenga cuidado de no rasguñar los ojos.

- Coloque un paño húmedo y frío sobre los ojos para aliviar la comezón.

- No deje que el niño(a) use lentes de contacto ni cosméticos.

- Bote los cosméticos para ojos usados antes de que empezara la conjuntivitis. Si su hijo(a) vuelve a usarlos, es posible que vuelva a tener conjuntivitis.

¿Qué debo hacer si el médico receta medicinas para la conjuntivitis?

- Si el médico le receta gotas oftálmicas (para los ojos), es posible que necesite que alguien lo ayude. Mientras una persona sostiene al niño, usted podrá colocar las gotas.

- Incline la cabeza del niño hacia atrás. Baje cuidadosamente el párpado inferior para formar una cavidad.

- Coloque las gotas en la cavidad.

- No permita que el gotero toque el ojo. Ciérrele suavemente los ojos durante 2 minutos. Esto evitará que las gotas se derramen.

Conjuntivitis

- Si el niño es pequeño, recuéstelo y coloque las gotas en el ángulo interno del ojo. Las gotas entrarán en el ojo cuando el niño parpadee.

- Es posible que el médico le recete un ungüento en lugar de gotas. Extienda una línea de ungüento entre los párpados desde un extremo del ojo hasta el otro.

- Interrumpa el uso de la medicina cuando el niño despierte dos días sin costras.

¿Cuándo debo llamar al médico o a la enfermera?

- Los ojos y los párpados del niño están enrojecidos.
- El niño siente dolor en los ojos.
- Tiene la visión borrosa o no puede ver.
- Tiene costra amarillenta o verdosa o pus alrededor de los ojos.
- El enrojecimiento y la comezón aumentan cuando se ha comenzado a aplicar la medicina.
- Usted piensa que el niño tiene algo en el ojo.
- Los puntos negros del centro del ojo (pupilas) no tienen el mismo tamaño.
- Los amigos de su hijo también tienen los ojos enrojecidos.

¿Qué más debo saber acerca de la conjuntivitis?

- La conjuntivitis se contagia fácilmente. Asegúrese de que el niño se lave las manos frecuentemente y no se toque los ojos.

- El niño(a) no debe compartir cosméticos, toallas ni toallitas de cara con otras personas.

- Si hay una costra amarillenta o verdosa alrededor de los ojos del niño, puede ser necesario que el médico le recete alguna medicina especial. El niño necesita atención médica.

Oídos y nariz

5

Notas

7

Dolor de oídos (Otitis media)

¿Qué es?

El dolor de oídos puede ser causado por líquido o por una infección. Es común en los niños, a menudo, cuando tienen un resfriado.

¿El niño tiene alguno de estos síntomas?

- El niño se jala o se frota el oído.
- Grita o llora.
- Está llorando y no desea comer.
- Generalmente, tiene fiebre.
- El oído puede despedir líquido, pus o sangre.
- Tiene dificultad para dormir.
- El niño no puede oír bien.

¿Qué puedo hacer en casa?

- Déle Tylenol para la fiebre y el dolor. Lea la etiqueta para averiguar la dosis.
- Hágalo beber más líquidos.
- El niño debe descansar más.
- Asegúrese de darle la medicina según la indicación del médico.
- No suspenda ninguna visita al médico, la enfermera o la clínica, aun si el niño parece estar bien.

Dolor de oídos (Otitis media)

¿Cuándo debo llamar al médico o a la enfermera?

- El niño tiene dolor de oídos.
- Del oído sale líquido, pus o sangre.
- Tiene fiebre o tortícolis.
- No mejora después de 2 ó 3 días de tratamiento.

¿Qué más debo saber acerca del dolor de oídos?

- Déle la medicina como le indicó el médico. Hágalo aunque el niño esté mejor.
- Sólo use las gotas de los oídos recetadas por el médico.
- No coloque algodón ni otros elementos en el oído.
- Siempre alimente al bebé sosteniéndole la cabeza sobre el nivel de los hombros. Esto evitará que la leche entre en los oídos.
- No lleve al niño a la cama con el biberón.
- Mantenga la medicina para el oído en el refrigerador, si la etiqueta así lo indica.

Cerumen
(cerilla en el oído)

¿Qué es?

Es un líquido espeso que forma el cuerpo para proteger el interior del oído. La cerilla es normal. Generalmente sale por sí misma pero puede endurecerse y acumularse en el oído.

¿El niño tiene alguno de estos síntomas?

- Sustancia entre amarillo claro y marrón oscuro dentro del oído.

- Es posible que la audición del niño se vea disminuida.

¿Qué puedo hacer en casa?

- A menos que la cera se endurezca, no se necesitan cuidados.

- Limpie la cera que sale a la abertura del oído con un paño mojado.

- No coloque cotonetes (Q-tips) ni otras cosas en los oídos del niño. Esto puede hacer que la cera entre aún más en el oído.

¿Qué puedo hacer si la cera se endurece y se atasca en el oído?

No haga esto si el niño tiene tubos para ventilación o drenaje, infección en el oído o una perforación en el tímpano.

Cerumen (cerilla en el oído)

- Coloque 3 gotas de aceite para bebés tibio (después de probarlo en su muñeca) en el oído del niño 2 veces al día. Hágalo durante 3 ó 5 días. El aceite debe tener la misma temperatura que su piel.

- Recueste al niño con el oído sobre una almohadilla térmica tibia (o una toalla humedecida tibia) durante 20 minutos. Esto ayudará a derretir la cera.

- Cuando la cera esté blanda, enjuáguela con agua tibia y con una jeringa auricular de goma. También puede usar un gotero en el nivel más bajo. Pruebe el agua en su muñeca antes de usarla. El agua debe tener la misma temperatura que su piel.

- Gire la cabeza del niño para que el oído que tiene cera quede hacia abajo. Así se drenará el agua.

¿Cuándo debo llamar al médico o a la enfermera?

- El niño siente dolor o tiene una hemorragia en el oído.
- No logra retirar la cera endurecida.
- El niño tiene tubos para ventilación o drenaje y puede estar acumulando cera.

Cerumen (cerilla en el oído)

¿Qué más debo saber acerca del cerumen (cerilla)?

- La cerilla sale del oído cuando el niño mastica.

- No debe usar cotonetes (Q-tips). Pueden hacer que la cera entre aún más en el oído y causar que la cera se endurezca y que tape el oído.

- Enseñe al niño a no colocarse nada en los oídos.

Sangrado de la nariz

¿Qué es?

Sangre que sale de la nariz. Es común
en los niños.

¿El niño tiene alguno de estos síntomas?

- Sale sangre de la nariz.
- El niño escupe o vomita la sangre que ha tragado.
- El niño está asustado.

¿Qué puedo hacer en casa?

- Siente al niño e inclínele la cabeza hacia delante. No lo recueste ni le incline la cabeza hacia atrás. Esto hará que la sangre entre en la boca del niño.
- Haga que el niño se suene la nariz cuidadosamente.
- Compruebe si hay algo extraño en la nariz.
- Haga que el niño escupa la sangre que pudiera tener en la boca.
- Hágalo respirar por la boca.
- Apriete la parte blanda de la nariz durante **10 minutos seguidos.** No deje de apretar hasta que hayan transcurrido los 10 minutos. Si la sangre no se detiene, apriete la nariz durante otros 10 minutos.

- No introduzca nada en la nariz del niño para detener la sangre.

- No permita que el niño se meta el dedo en la nariz ni se suene la nariz hasta que hayan transcurrido 12 horas sin sangrar.

¿Cuándo debo llamar al médico o a la enfermera?

- El niño es menor de 1 año y sangra por la nariz.

- Sangra frecuentemente por la nariz.

- Sangra por la boca o las encías.

- Está débil, mareado o pálido y sudoroso.

- Tiene muchas contusiones (moretones) sin haberse caído ni lastimado.

¿Qué más debo saber acerca del sangrado de la nariz?

- Los sangrados por la nariz son más comunes en invierno. La calefacción está encendida en la casa y el aire está muy seco. Puede resultar útil un humidificador.

- Sonar o tocar la nariz puede causar que sangre la nariz.

- Si al niño le sangra mucho la nariz, consulte al médico acerca de las gotas nasales salinas. La solución salina es una medicina que se vende sin receta.

- Puede ser de utilidad colocar algunas gotas de agua en la nariz del niño antes de sonarla.

Sangrado de la nariz

- La nariz seca puede sangrar. Puede colocar una pequeña cantidad de Vaselina en la nariz del niño entre 2 y 4 veces al día para evitar que sangre la nariz.

- La costra que se forma después de sangrar puede producir comezón. Explique al niño que no debe quitar la costra. Si se desprende, volverá a sangrar.

Algo extraño en el oído

¿Qué es?

El niño se coloca algo pequeño en el oído, por ejemplo un chícharo. También es posible que entre un insecto.

¿El niño tiene alguno de estos síntomas?

- El niño se jala o frota el oído.
- El niño no puede oír bien.
- Usted ve algo en el oído del niño.
- El niño siente algo en el oído o tiene dolor.

¿Qué puedo hacer en casa?

¿Qué puedo hacer si el niño tiene un insecto en el oído?

- Lleve al niño a una habitación oscura. Encienda una luz cerca del oído. Probablemente, la luz atraerá al insecto haciéndolo salir.

- Si el insecto no sale, llene el oído con aceite para bebés o aceite de oliva tibio. El insecto saldrá flotando.

- Gire la cabeza del niño para que el oído que tiene aceite quede hacia abajo. Así se drenará el aceite.

¿Qué puedo hacer si el niño tiene comida o algún otro objeto en el oído?

- Gire la cabeza del niño para que el oído que tiene el objeto extraño quede hacia abajo. Muévala hacia delante y hacia atrás. El objeto debe caer.

- **No** ponga agua dentro del oído. Esto puede hacer que el objeto extraño aumente de tamaño y quede atrapado.

- **No** intente quitar nada del oído con un cotonete (Q-tips) o con pinzas. Porque puede introducirlo aún más.

¿Cuándo debo llamar al médico o a la enfermera?

- No puede quitar el elemento que se introdujo en el oído.

- Algo extraño salió pero el niño tiene dolor de oídos.

¿Qué más debo saber acerca de algo extraño en los oídos?

- A menudo los niños introducen objetos pequeños en sus oídos.

Algo extraño en el oído

- Mantenga los objetos pequeños fuera del alcance del niño.

- No use nada para quitar un objeto del oído. Esto puede hacer que entre aún más.

Algo extraño en la nariz

¿Qué es?

El niño introduce un objeto pequeño o comida en la nariz.

¿El niño tiene alguno de estos síntomas?

- Usted ve algo en la nariz.
- Uno de los orificios de la nariz segrega líquido o pus. Puede ser amarillento o verdoso y tener mal olor.
- Uno o ambos orificios están enrojecidos e inflamados.

¿Qué puedo hacer en casa?

- Mantenga cerrado el orificio nasal que no tiene nada dentro. Haga que el niño se suene el otro orificio nasal con fuerza varias veces.
- No quite nada de la nariz del niño con pinzas ni con el dedo. Esto puede introducirlo aún más.

¿Cuándo debo llamar al médico o a la enfermera?

- Usted ve que hay algo dentro de la nariz pero el niño no puede expulsarlo.
- El niño expulsó algo pero ahora sale un líquido amarillento de la nariz.
- De la nariz le sale un líquido con mal olor.
- La nariz está enrojecida o inflamada.

- El niño tiene fiebre.

¿Qué más debo saber acerca de algo extraño en la nariz?

- Los niños se introducen cosas pequeñas en la nariz. Esto incluye arroz, nueces, cuentas, dulces y piedras.

- Mantenga los objetos pequeños fuera del alcance de los niños.

- Cuando el niño vomita, es posible que entre comida en la nariz.

Boca y garganta 6

Asfixia

¿Qué es?

Alimentos, líquidos u otras cosas que tapan la garganta o las vías respiratorias del niño.

¿El niño tiene alguno de estos síntomas?

- Mucha tos.
- No pueda hablar, llorar ni respirar.
- Está amoratado.
- Se tambalea o se desmaya.

¿Qué puedo hacer en casa?

- Si el niño tose, no haga nada. La tos despeja la garganta y las vías respiratorias. Permanezca cerca del niño y obsérvelo.
- No le dé líquidos para detener la tos.

¿Qué puedo hacer si un niño está atragantado y no puede respirar (el niño no tose, habla ni emite sonido)?

¿Qué puedo hacer por un niño menor de 1 año?

- Si usted está solo, grite pidiendo ayuda.
- Sostenga el rostro del niño hacia abajo, con la cabeza más abajo que el cuerpo.

- Déle 5 golpes rápidos en la parte superior de la espalda con la palma de la mano. Sostenga la cabeza del bebé.

- Repita esto 5 veces. Lo que está asfixiando a su bebé debe salir expulsado. Retírelo de la boca del bebé.

- Si no lo expulsa (el bebé se tambalea y no llora), hágalo girar boca arriba.

- Coloque 2 ó 3 dedos en el centro del pecho del bebé.

- Presione 5 veces hasta que el elemento sea expulsado.

- Si no sale expulsado, mire dentro de la boca del bebé. Si ve algún elemento, sáquelo. No coloque sus dedos en la boca si no ve nada.

- Si el bebé sigue sin respirar y la ayuda no llega, **llame al 911.** Comience a hacer respiración boca a boca. (Vaya a la página 164).

¿Qué puedo hacer por un niño mayor de 1 año que está sentado o de pie?

- Si usted está solo, grite pidiendo ayuda.

- Párese detrás del niño. Coloque sus manos alrededor de la cintura del niño.

- Cierre el puño. Coloque el lado del pulgar sobre la parte superior del estómago del niño, debajo de las costillas.

- Coloque su otra mano sobre el puño. Déle un rápido apretón sobre el estómago.

- Hágalo hasta que lo que está asfixiando al niño salga expulsado. Retírelo de la boca.

- Si no lo expulsa, mire dentro de la boca del niño. Si ve algo, sáquelo. No coloque sus dedos en la boca si no ve nada.

- Si el niño se tambalea y la ayuda no llega, **llame al 911.** Comience a hacer respiración boca a boca.
  (Vaya a la página 164)

¿Qué puedo hacer por un niño mayor de 1 año que está en el piso?

- Ponga al niño boca arriba.

- Coloque el talón de la mano sobre la parte superior del estómago del niño, debajo de las costillas.

- Coloque la otra mano sobre la primera. Dé un apretón rápido al estómago del niño.

- Hágalo hasta que lo que está ahogando al niño salga expulsado. Retírelo de la boca.

- Si no lo expulsa, mire dentro de la boca del niño. Si ve algo, sáquelo. No coloque sus dedos en la boca si no ve nada.

- Si el niño se tambalea y la ayuda no llega, **llame al 911.** Comience a hacer respiración boca a boca.
  (Vaya a la página 164)

Asfixia

Llame al 911 si:

- No puede quitar el elemento que tapa las vías respiratorias.

- El niño no comienza a hablar o a llorar.

- El niño se tambalea.

¿Cómo puedo evitar la asfixia?

- Los bebés y los niños pequeños pueden atragantarse con algunos alimentos como:
  - Palomitas de maíz
  - Nueces (nuts)
  - Goma de mascar
  - Dulces pequeños y duros como M&Ms
  - Uvas
  - Perritos calientes (hot dogs)
  - Pasas   ◦ Vegetales crudos.

- No dé a un niño pequeño ningún alimento que sea pequeño, duro y redondo.

- Los niños pueden atragantarse con:
  - Globos   ◦ Baterías de reloj
  - Huesos de cereza
  - Semillas de naranja
  - Monedas

- Enséñeles a masticar bien. Corte los alimentos como perritos calientes (hot dogs), uvas y vegetales crudos.

- No le permita correr con cosas en la boca.

- Asegúrese que los juguetes no tengan piezas pequeñas que se puedan quitar.

65

- No les dé juguetes que tengan piezas más pequeñas que:

- Asegurese que el chupón no tenga partiduras. Compre un nuevo chupón cada 2 o 3 meses.

- Enseñe al niño que sólo debe colocarse alimentos en la boca.

Dolor de garganta

¿Qué es?

La mayoría de los dolores de garganta
se producen durante los resfriados
y desaparecen en 3 días.

¿El niño tiene alguno de estos síntomas?

- No tiene apetito.
- Llora cuando come.
- Tiene fiebre.
- Se jala las orejas.
- La garganta está enrojecida.
- La garganta puede tener manchas blancas o amarillentas.

¿Qué puedo hacer en casa?

- Mire la garganta del niño para ver si hay manchas blancas o amarillas.
- Déle alimentos blandos y más líquidos. Los alimentos fríos ayudan a calmar el dolor de garganta.
- Los siguientes alimentos son fáciles de tragar cuando hay dolor de garganta:
  - gelatina
  - helado
  - paletas de helado (para niños mayores de 4 años)
  - puré de manzana

Dolor de garganta

- Los refrescos y los jugos cítricos como el jugo de naranja pueden lastimar la garganta.

- Déle Tylenol para la fiebre y el dolor. Lea la etiqueta para averiguar la dosis.

- Los niños mayores de 8 años pueden hacer gárgaras con agua salada tibia. Mezcle 1 cucharadita de sal en una taza de agua tibia.

- Algunos dolores de garganta requieren medicación. Si el médico le receta medicinas, asegúrese de administrarlas como éste lo indicó.

¿Cuándo debo llamar al médico o a la enfermera?

- El niño tiene manchas blancas o amarillentas en la garganta.

- No puede abrir bien la boca.

- Babea y no puede tragar.

- Tiene problema para respirar.

- No toma líquidos.

- No orina durante 8 horas.

- También tiene sarpullido.

¿Qué más debo saber acerca del dolor de garganta?

- La mayoría de los dolores de garganta no necesitan medicación.

- No use los aerosoles que se venden en los comercios a menos que el médicolo indique.

- Si el médico le receta medicinas, úselas hasta terminarlas aunque el niño parezca estar bien. Nunca le dé una medicina de otra persona o que esté vencida.

El niño se comió algo extraño

¿Qué es?

El niño se comió algo que no es alimento.

¿El niño tiene alguno de estos síntomas?

- Falta algo que su hijo pudo haberse comido.

- El niño le dice que comió algo.

- Si tiene algo en la garganta o en las vías respiratorias, el niño puede toser o ahogarse.

¿Qué puedo hacer en casa?

- Si el niño parece estar bien y se siente bien, déle de beber agua. Si el agua pasa bien, déle un poco de pan.

- Revise el excremento del niño diariamente para encontrar el objeto que se comió. Puede cortarlo con un cuchillo o colarlo con un colador o algo agujerado.

¿Cuándo debo llamar al médico o a la enfermera?

- El niño se comió:
  - un objeto afilado
  - un objeto más grande que una moneda de uncentavo
  - una batería de reloj

- Tiene problema para respirar o para tragar.
- No puede parar de toser.
- Hay sangre en el excremento.
- Devuelve (vomita) o tiene dolor de estómago.
- Siente dolor en el pecho o en la garganta.
- Tiene aspecto de enfermo.
- Usted revisa el excremento del niño durante 7 días y el objeto que se comió no aparece.

¿Qué más debo saber acerca de este tema?

- La mayoría de las cosas pasan por el cuerpo en 3 ó 4 días.
- Mantenga los objetos pequeños fuera del alcance de los niños si estan mas chicos que esto:

- Tragar una batería de reloj es muy peligroso para el niño. Llame al médico de inmediato.

Dentición

¿Qué es?

Los dientes nuevos tratan de salir a través de las encías. La dentición comienza cuando los bebés tienen entre 4 y 6 meses. Puede continuar hasta los 2 ó 3 años.

¿El niño tiene alguno de estos síntomas?

- Pequeñas protuberancias en las encías y algo de enrojecimiento.
- Las encías están hinchadas.
- El bebé llora y está molesto.
- Mordisquea los dedos y se pone cosas en la boca.
- La boca y la barbilla están siempre húmedas con saliva.
- Manchas moradas o negras en las encías.

¿Qué puedo hacer en casa?

- Sobe las encías del bebé con su dedo o con un paño húmedo y frío para calmar el dolor.

- Dé al bebé un chupón, una galleta o un paño húmedo y frío para que mordisquee.

Dentición

- Si el bebé está muy molesto, déle Tylenol. Lea la etiqueta para averiguar la dosis a administrar.

¿Cuándo debo llamar al médico o a la enfermera?

- El bebé tiene aspecto de enfermo.
- Usted tiene dudas.

¿Qué más debo saber acerca de la dentición?

- Generalmente, la dentición no requiere atención médica.
- No coloque ninguna medicina para la dentición en las encías.

- No atc un chupón alrededor del cuello del niño. Esto puede asfixiarlo.
- No lleve al niño a la cama con un biberón de leche o de jugo. Esto producirá caries en los dientes del bebé.

- Limpie las encías y los dientes del bebé después de las comidas y antes de llevarlo a dormir con un paño húmedo o un cepillo de dientes suave.

Dolor de dientes/muelas

¿Qué es?

Dolor en los dientes generalmente causado por caries dentales

¿El niño tiene alguno de estos síntomas?

- Manchas marrones en los dientes.
- Pequeñas protuberancias rojizas en la encía cercana al diente.
- El niño tiene la mejilla hinchada.
- La encía segrega pus.
- El niño tiene fiebre.

¿Qué puedo hacer en casa?

- Limpie ambos lados del diente con hilo dental. Esto quitará los restos de comida.
- Coloque hielo sobre la mejilla para calmar el dolor.
- Déle Tylenol para calmar el dolor. Lea la etiqueta para averiguar la dosis.

¿Qué puedo hacer para prevenir las caries?

- **No** lleve al niño a la cama con un biberón. La leche o el jugo permanecerá en los dientes durante toda la noche. Esto producirá caries.

- El fluoruro previene las caries. Casi toda el agua corriente contiene fluoruro. Consulte al médico si el niño necesita fluoruro adicional.

- Comience a limpiar los dientes del niño diariamente apenas aparezcan. Use un pequeño cepillo de dientes suave o un paño húmedo. La pasta dental no es necesaria pero, si la usa, hágalo en pequeñas cantidades del tamaño de un chícharo.

- Enséñele a lavarse los dientes a partir de los 2 años.

- Haga exámenes dentales 2 veces al año a partir de los 3 años.

- Enséñele a usar el hilo dental desde pequeño en cuanto tenga dientes o muelas que se tocan uno con otro.

- Ayude al niño en el cuidado dental hasta que tenga 6 años.

- Cambie el cepillo de dientes cada 3 ó 4 meses. Cada persona en la familia debe tener uno propio. El cepillo de dientes no se debe compartir.

¿Cuándo debo llamar al médico, a la enfermera o al dentista?

- Llame al dentista si el niño tiene dolor de dientes/muelas.

- Llame al médico si el niño tiene fiebre o la mejilla, la barbilla o la mandíbula hinchada.

¿Qué más debo saber acerca del dolor de dientes/muelas?

- Los dientes del niño son muy importantes. Cuídelos muy bien.

- Todas las caries deben ser atendidas por un dentista.

- El tooth sealant es una capa clara que se aplica a los dientes y los protege de las caries.

- La pasta dental tiene fluoruro. Use pequeñas cantidades cuando cepille los dientes del niño. No permita que se coma la pasta.

- A algunos niños les gusta comer pasta dental. Manténgala fuera de su alcance.

Manchas blancas en la boca (candidiasis bucal)

¿Qué es?

La candidiasis bucal es una infección en la boca.

¿El niño tiene alguno de estos síntomas?

- Manchas blancas en la lengua, las encías y el interior de las mejillas del bebé que parecen leche.
- Al tallarlas, no se desprenden.
- El bebé llora al succionar.

¿Qué puedo hacer en casa?

- El bebé necesita que el médico le recete una medicina.
- Déle la medicina después de las comidas.
- Coloque la medicina en la parte delantera y a cada lado de la boca. Aplique la medicina sobre las manchas con su dedo. Asegúrese de lavarse bien las manos antes de hacerlo.

- No dé al niño alimentos ni líquidos hasta 30 minutos después de aplicar la medicina.
- Si el bebé no puede succionar, aliméntelo con una taza o una cuchara.
- Use una mamila o chupete de biberón limpio en cada comida.

- Use siempre biberones limpios. No vuelva a usar los biberones que no haya lavado.
- Lave todo lo que el bebé se coloque en la boca con agua caliente y jabón.

¿Cuándo debo llamar al médico o a la enfermera?

- El bebé tiene manchas blancas en la boca.
- No tiene apetito.
- Las manchas no desaparecen después de 10 días de medicación.
- Tiene una temperatura rectal superior a los 100°F (37.7°C).
- También presenta dermatitis (rozadura) causada por el pañal.

¿Qué más debo saber acerca de la candidiasis bucal?

- No lleve al niño a la cama con el biberón ni con el chupón.
- Lave siempre bien el chupón y las mamilas o chupetes de biberón con agua caliente y jabón.
- Lávese siempre bien las manos antes de alimentar al bebé.
- Llame al médico si está amamantando y tiene dolor, comezón o la piel de los pezones está descamada y rosada.
- El bebé también puede tener candidiasis en el área del pañal.

Pulmones 7

Notas

Resfriado y gripa

¿Qué es?

Una enfermedad (virus) de la nariz y la garganta que se propaga con facilidad. Dura alrededor de 7 días. Los niños a veces tienen hasta 6 resfriados al año.

¿El niño tiene alguno de estos síntomas?

- La nariz está enrojecida y gotea
- Estornudos
- Ojos llorosos
- Tos seca
- El niño no tiene apetito
- Tiene dificultad para tomar del biberón o del pecho.

¿Qué puedo hacer en casa?

- El niño debe descansar mucho.
- Hágalo dormir con la cabeza elevada. Esto facilitará la respiración.
- Déle líquido cada hora.
- Use los pañuelos de papel sólo una vez y luego deséchelos.
- Si el niño tiene más de 9 meses, puede darle Tylenol si tiene fiebre y Dimetapp Elixir para aliviar la congestión nasal. Lea la etiqueta para averiguar la dosis.

- Puede usar una perilla de succión de goma blanda para despejar la nariz tapada. Esto permitirá que el bebé succione.

¿Cómo uso una perilla de succión?

- Primero apriete la perilla para sacar el aire.

- Coloque el extremo de goma en uno de los orificios de la nariz de su bebé con suavidad.

- Lentamente relaje la perilla.

- Así sacará el líquido de la nariz del bebé.

- Repita el procedimiento con el otro orificio.

- No lo haga más de 3 ó 4 veces al día.

- Después de usar la perilla de succión, lávela con jabón y agua tibia.

¿Cuándo debo llamar al médico o a la enfermera?

- Hace más de 6 días que el niño está enfermo.

- Después de haber limpiado la nariz con la perilla de succión, la respiración sigue siendo dificultosa.

- El niño tiene dolor de cuello o tortícolis.

- Tiene dolor de oído.

- Tiene sarpullido o úlceras rojizas en la piel.

- Expulsa flema de color verde, amarilla o gris.

- Tiene aspecto de enfermo.

- La fiebre supera los 100°F (37.7°C) durante más de 3 días.

- El niño no bebe lo suficiente y orina poco.

¿Qué más debo saber acerca de los resfriados y las gripas?

- No existen medicinas que curen el resfriado ni la gripa. El niño mejorará con el tiempo, el reposo y grandes cantidades de líquido.

- El resfriado o la gripa pueden conducir a otras enfermedades. De no notar mejoría dentro de los 7 días, llame al médico.

- Se contagian con facilidad. Use pañuelos de papel para cubrir la boca del niño cuando tosa o estornude. Luego lávese las manos.

- Enseñe al niño a lavarse las manos con frecuencia.

Tos

¿Qué es?

Es el mecanismo que usa el cuerpo para despejar la garganta, las vías respiratorias y los pulmones. La tos no es una enfermedad. Puede ser el signo de una enfermedad.

¿El niño tiene alguno de estos síntomas?

- Arroja una mucosidad transparente, blanca, amarilla, verde o marrón al toser.
- La tos no lo deja dormir.
- Tose sin parar (tos espasmódica).
- La respiración se dificulta al toser.
- Tiene fiebre.
- La nariz está tapada o suelta.

¿Qué puedo hacer en casa?

- Déle grandes cantidades de líquido. Son buenos el agua, el jugo de manzana y la limonada tibia.

- El aire seco puede aumentar la tos. Por la noche, use un humidificador para mantener el ambiente húmedo o tibio en la habitación. El vapor de la regadera también puede aliviar la tos seca.

- Para calmar la tos de un niño mayor de 1 año, puede usar miel. **No** dé miel a bebés más pequeños.

- Para la tos seca, puede darle una medicina sin receta como Robitussin DM. Pida al médico o al farmacéutico que lo ayuden a elegir la medicina adecuada.

- Si el niño tiene tos con flema; no le dé medicinas sin receta a menos que lo indique el médico. Se reconoce la tos con flema cuando el niño arroja mucosidad al toser.

¿Cuándo debo llamar al médico o a la enfermera?

- Un bebé de menos de 3 meses tiene tos.
- El niño arroja sangre al toser.
- Arroja mucosidad espesa de color verde o marrón.
- Tose sin parar.
- Los labios se le ponen morados al toser.
- La tos dura más de 7 días.
- La tos le causa dolor en el pecho.
- Respira agitado y con dificultad.
- No puede respirar.
- Tiene fiebre y tos durante más de 72 horas.
- La tos no lo deja dormir.
- Devuelve (vomita) al toser.
- La tos comienza después de atragantarse con un alimento.

¿Qué más debo saber acerca de la tos?

- Hay muchos agentes que causan la tos, incluyendo el humo, las alergias y las infecciones virales.

- No permita que nadie fume cerca de su hijo.

- No le dé medicinas para la tos durante el día, a menos que así lo indique el médico.

- Las medicinas para la tos sirven para que el niño se sienta mejor. La tos se aliviará a medida que se vaya recuperando de su enfermedad.

Crup

¿Qué es?

El niño tiene problema para respirar y al toser emite un sonido semejante al ladrido de un perro o de una foca. El crup frecuentemente es peor por la noche. Puede aparecer de repente.

¿El niño tiene alguno de estos síntomas?

- Tiene problema para respirar.
- Está asustado.
- Tiene fiebre entre 100 y 102°F (37.7–38.8°C).
- Las fosas nasales se dilatan al respirar.
- Los espacios entre las costillas se hunden al respirar.
- La dificultad respiratoria le impide hablar o llorar.

¿Qué puedo hacer en casa?

- Durante una semana, use un humidificador para mantener el ambiente húmedo en la habitación del niño. Vista al niño con prendas abrigadas. Mantenga la habitación fresca.

Crup

- Llene el cuarto de baño de vapor haciendo correr agua caliente con la puerta cerrada. Quédese en el baño con su hijo durante 20 minutos. Léale un cuento en voz alta para calmarlo.

- El aire fresco y húmedo puede facilitar la respiración. Puede envolver al niño en una manta y salir a tomar el aire de la noche entre 10 y 20 minutos.

- Dé a su hijo líquidos puros y tibios. Son buenos el jugo de manzana, el agua y el té. Aflojarán la mucosidad y rclajarán la garganta.

- **No le dé ninguna medicina para la tos.** No tienen efecto alguno sobre este tipo de tos.

¿Cuándo debo llamar al médico o a la enfermera?

- **Llame al 911** si el niño deja de respirar o se pone morado. Comience con la respiración boca a boca. Vaya a la página 164 para aprender a hacerlo.

- El niño emite un silbido al inhalar.

- Si lo hace al exhalar, llame al médico. Es probable que tenga asma.

- Babea y no puede hablar ni tragar.

- El aire que inhala es tan escaso que no puede caminar.

- No se mejora al sacarlo al aire de la noche ni con el vapor del baño.

- Tose sin cesar durante 1 hora.

- El crup se produce durante tres noches consecutivas.

- Comienza después de que el niño ha sido picado por un insecto o después de haber tomado una medicina.

- Tiene dolor de oído y un severo dolor de garganta.

¿Qué más debo saber acerca del crup?

- El crup es causado por un virus. Es más común en los niños entre 2 y 4 años.

- Se puede producir durante 7 noches consecutivas. Observe con atención a su hijo para detectar problemas respiratorios. Duerma con él durante algunas noches después de un ataque de crup.

Abdomen 8

Sangre en el excremento

¿Qué es?

Hay sangre en el excremento del niño.
El excremento también se llama deposición (heces).

¿El niño tiene alguno de estos síntomas?

- Sangre de color rojo intenso en el excremento.
- El agua del inodoro (sanitario) presenta un tono rojizo.
- Queda sangre en el papel higiénico o en las toallitas.
- El excremento es negro o de un rojo muy oscuro.
- El niño tiene diarrea.
- Tiene aspecto de enfermo.

¿Qué puedo hacer en casa?

- Revise si el niño presenta heridas en el recto. Es posible que esto ocurra si está estreñido (si el excremento es seco y duro).
- Observe el color del excremento. Tome una muestra para el médico.
- Suspenda los alimentos y las bebidas rojas.

¿Cuándo debo llamar al médico o a la enfermera?

- El excremento es negro o rojo.
- Sospecha que hay sangre en el excremento.

¿Qué más debo saber acerca de la sangre en el excremento?

- El excremento puede estar rojo si el niño ha comido un alimento o bebida roja durante las últimas 24 horas. Es posible que no sea sangre.

- El excremento puede volverse negro si el niño tragó sangre durante un sangrado nasal. Los alimentos negros, como las galletas Oreo también pueden hacer que el excremento sea negro.

- Si su hijo tiene una úlcera o un pequeño corte en el recto, el excremento puede estar cubierto con sangre.

- Algunas medicinas, por ejemplo las vitaminas, contienen hierro. Esto hace que el excremento sea negro.

- El excremento normal es amarillo, verde o marrón claro u oscuro.

Cólico

¿Qué es?

El bebé llora sin parar y no se calma.
El cólico es muy común. Los ataques de
llanto pueden comenzar a las 2 semanas
de vida. Los cólicos generalmente cesan
entre los 3 y los 4 meses, pero es posible
que duren más.

¿El niño tiene alguno de estos síntomas?

- Su bebé llora sin motivo.

- Está bien cuando no llora.

- Tiene ataques de llanto varias veces al día que pueden
  durar sólo unos minutos o entre 1 y 2 horas.

- El bebé contrae las piernas contra el abdomen o las
  mantiene extendidas y hacia fuera durante los ataques de
  llanto.

¿Qué puedo hacer en casa?

- Acune al bebé entre sus brazos
  suavemente.

Cólico

- Intente colocarlo en un columpio para bebés.

- Llévelo a dar un paseo en el cochecito.
- Intente envolverlo bien en una manta.

- Déle un chupón.
- Haga que el niño eructe (saque los gases del estómago por la boca) después de haber bebido ½ onzas líquidas (mililitros) de leche o preparado para lactantes (fórmula).
- Investigue qué calma más a su bebé y póngalo en práctica.
- Debe contar con alguien que lo ayude a cuidar al niño cuando usted necesite descansar.
- No le dé ninguna medicina, a menos que el médico lo indique.

¿Cuándo debo llamar al médico o a la enfermera?

- El bebé llora durante más de 3 horas.
- Llora más de lo normal.
- El niño parece tener algún dolor al llorar.

- Actúa como si estuviera enfermo cuando no llora.
- Tiene ataques de llanto después de los 4 meses.
- Tiene fiebre.
- No come.
- Usted está preocupado.
- Piensa que algo anda mal.

¿Qué más debo saber acerca del cólico?

- El cólico no es un signo de que usted sea un mal padre ni de que esté haciendo mal las cosas.
- Hable con otros padres y madres. Pregúnteles qué hacen cuando el bebé llora.
- No grite ni golpee a su bebé. Cárguelo y acúnelo.
- Nunca lo sacuda. Si lo hace, puede hacerle daño y hasta causarle la muerte.
- Es posible que usted se sienta cansado o mal porque no sabe qué hacer. Coloque al bebé en un lugar seguro y llame a alguien para que lo reemplace mientras usted descansa.

Estreñimiento

¿Qué es?

El excremento duro y seco que causa dolor al eliminarlo.

¿El niño tiene alguno de estos síntomas?

- El niño evacua los intestinos con menos frecuencia que antes.

- No puede evacuar aun después de intentarlo repetidas veces.

- Cuando elimina, el excremento es muy duro.

¿Qué puedo hacer en casa?

- Déle grandes cantidades de líquido.

- Si esto no da resultado y el bebé tiene menos de 1 año, déle entre 1 y dos 2 onzas líquidas (entre 30 y 60 mililitros) de jugo de ciruelas mezclado con agua (una mitad de jugo de ciruelas y una mitad de agua) dos veces al día.

- Si el bebé tiene más de 6 meses, déle alguno de estos alimentos dos veces al día:
  - chícharo
  - frijoles
  - peras
  - ciruelas
  - ciruelas secas
  - cereal

- Si el bebé tiene más de 1 año,
  déle alguno de estos alimentos:
    - chícharo
    - frijoles
    - ciruelas
    - dátiles
    - jugo de manzana
    - bollos de pan de salvado
    - galletas integrales
    - pan integral
    - cereal de salvado

- Llévelo a caminar, correr, jugar para que esté más activo.

- Suspenda estos alimentos hasta que se regularice el excremento:
    - helado (ice cream)
    - arroz
    - zanahorias
    - queso
    - plátanos (bananas)

- No le dé ningún tipo de medicina contra el estreñimiento, a menos que así lo indique el médico.

¿Cuándo debo llamar al médico o a la enfermera?

- Su hijo tiene dolores de estómago.
- El excremento es negro.
- Ve sangre en el excremento.

- Ve un líquido marrón en la ropa interior del niño, que ya no usa pañales, antes o después de ir al baño.

- El niño no ha hecho del baño después de unos días de cuidado en casa.

¿Qué más debo saber acerca del estreñimiento?

- No use ninguna medicina para el trasero, a menos que lo indique el médico.

- Es posible que al bebé se le enrojezca la cara, que se queje y se esfuerce demasiado al evacuar. Si el excremento es blando, será normal.

- Algunos bebés pueden pasar entre 2 y 3 días sin evacuar. Esto puede ser normal. No es necesario que lo hagan a diario.

Diarrea

¿Qué es?

Mucho excremento líquido o muy blando. Se puede producir por un resfriado, una gripa u otra enfermedad. A veces se le llama "estar suelto del estómago".

¿El niño tiene alguno de estos síntomas?

- Más deseos de ir al baño que antes.
- El excremento es más líquido.
- El trasero del niño está enrojecido y ulcerado.
- Tiene fiebre.
- Le duele el estómago.

¿Qué puedo hacer en casa?

- Si está amamantando, debe continuar haciéndolo.
- Si un bebé está tomando un preparado para lactantes (fórmula) y tiene más de 4 evacuaciones intestinales en forma líquida al día, suspenda el preparado durante 24 horas.
- Déle líquidos puros, por ejemplo Pedialyte o Ricelyte.

Diarrea

- Los niños que ya comen alimentos sólidos, toman líquidos puros sin problemas y tienen apetito, pueden comer los siguientes alimentos en cantidades pequeñas.
  - Puré de plátanos (bananas) maduros
  - Puré de manzana
  - Cereal de arroz
  - Pan tostado
- Cuando la diarrea se detenga, lentamente comience a darle los alimentos que come normalmente. Lo último que debe reincorporar a la dieta es la leche o el preparado para lactantes (fórmula).
- La diarrea quema la piel. Cámbiele los pañales enseguida de cada evacuación intestinal. Lávele el trasero con jabón neutro y agua. Cúbrale el trasero con ungüento de óxido de cinc o A&D para evitar la dermatitis causada por el pañal.
- No use toallitas humedecidas (comerciales) en caso de diarrea. Pueden quemar la piel del bebé.
- Si el niño es mayor, ayúdelo a limpiarse el trasero para evitar que se le lastime. Déle baños de asiento.
- No le dé ninguna medicina sin receta para la diarrea sin antes consultar al médico.

¿Cuándo debo llamar al médico o a la enfermera?

- El niño tiene aspecto de enfermo.
- No toma líquido.
- No *orina* en 8 horas.
- Tiene la boca seca y pastosa.
- Tiene fiebre.

- Usted ve sangre en el excremento.
- Al niño le duele mucho el estómago.

¿Qué puedo hacer para evitar la diarrea?

- La diarrea es causada por gérmenes. Después de cambiarle los pañales, lávese siempre las manos.
- Lave las manos del bebé con frecuencia. Enseñe al niño a lavarse las manos antes de comer.
- Lave los biberones y las mamilas o chupetes de biberón con jabón y agua muy caliente. Enjuáguelos bien.
- Los gérmenes se generan en los alimentos a temperatura ambiente. Conserve en el refrigerador los alimentos que se puedan dañar.

¿Qué más debo saber acerca de la diarrea?

- La diarrea puede hacer que su hijo pierda mucho líquido. Esto se llama deshidratación y es perjudicial.
- Los recién nacidos evacuan con mucha frecuencia. Esto es normal.
- Los lactantes (fórmula) pueden evacuar durante y después de cada comida.
- Los bebés que toman biberón pueden evacuar entre 1 y 8 veces al día durante la primera semana. Luego, hasta los dos meses de edad, entre 1 y 4 veces.
- Los bebés de más de 2 meses pueden evacuar entre 1 y 2 veces al día.

Alergias alimenticias

¿Qué son?

Reacción causada por alimentos que producen malestar cada vez que el niño los come.

¿El niño tiene alguno de estos síntomas?

- Los labios, la lengua o la boca del niño se hinchan.
- Diarrea o vómitos.
- Sarpullido rojizo por todo el cuerpo.
- Problema para respirar.
- Dolor de garganta o nariz suelta.

¿Qué puedo hacer en casa?

- Si sabe cuáles son los alimentos que no le sientan bien a su hijo, no se los dé.
- Lea las etiquetas para verificar qué contiene la comida de su hijo. Si los alimentos contienen algo que no le sienta bien, no se los dé.
- Si desconoce qué es lo que no le sienta bien a su hijo, haga una lista de todos los alimentos que come y observe cuáles causan algún efecto adverso.
- Al agregar nuevos alimentos a la dieta déselos uno a la vez. Observe si su bebé se siente mal después de comerlo. Espere 3 días antes de agregar otro alimento.

- Si el niño come muchos alimentos y uno de ellos le sienta mal, suspenda un alimento a la vez. Observe cómo reacciona.

¿Cuándo debo llamar al médico o a la enfermera?

- El niño no puede respirar, se pone morado o pálido o le duele el pecho después de comer.

- Se le hincha la cara, el cuello, los labios o la boca.

- Muchos alimentos le sientan mal.

- Usted cree que el niño es alérgico al preparado (fórmula).

¿Qué más debo saber acerca de las alergias alimenticias?

- Cuando los niños son alérgicos a ciertos alimentos, se pueden empeorar **cada vez** que los comen. Averigüe qué alimentos le sientan mal a su hijo. Suspenda este tipo de alimento.

- A los 2 ó 3 años de edad, muchos niños pueden comer alimentos que antes les sentaban mal. Pero algunos siguen reaccionando del mismo modo a los mismos alimentos durante toda su vida.

- Alimentos que, por lo general, sientan mal a bebés y a niños:
  - Huevos
  - Leche de vaca
  - Cacahuates/mantequilla de cacahuate
  - Semilla de soja
  - Trigo
  - Fresas
  - Mariscos, por ejemplo camarones, cangrejo
  - Chocolate
  - Maíz

- ○ Cítricos o su jugo

- Los bebés de menos de un año no deben comer mariscos, fresas ni chocolate.

- Dígale a todo el que cuida de su hijo que padece de alergias alimenticias y déjele saber qué puede comer. Déle una lista de los alimentos que no puede comer.

- Asegúrese de informar en la guardería infantil o en la escuela las alergias alimenticias de su hijo.

- Antes de ordenar una comida en un restaurante, pregunte de qué modo se preparan los platos. Averigüe los ingredientes, por ejemplo si hay huevos en la salsa.

- Si las alergias alimenticias de su hijo son muy severas, debe llevar siempre un brazalete que las especifique. Pregunte al médico o enfermera si su hijo debe usar el brazalete.

- Si el niño es mayor, enséñele qué alimentos no debe comer.

Hernia

¿Qué es?

Hinchazón o abultamiento en la zona de la ingle o en el ombligo.

¿El niño tiene alguno de estos síntomas?

- Protuberancia en la zona de la ingle o en el ombligo.
- La protuberancia aparece cuando el bebé llora y desaparece cuando deja de hacerlo.
- La piel que recubre la protuberancia enrojece.

¿Qué puedo hacer en casa?

- Preste atención a la aparición de protuberancias y comuníqueselo al médico si ve alguna.

¿Cuándo debo llamar al médico o a la enfermera?

- Llame al médico de inmediato si el niño tiene una protuberancia y dolor, fiebre o vómitos.

- Comunique al médico la presenciade cualquier protuberancia. Hágalo aun si desaparece cuando el bebé deja de llorar.

- La piel que recubre la protuberancia enrojece o se pone morada.

¿Qué más debo saber acerca de las hernias?

- Las hernias son más comunes entre los varones.

- Algunas hernias no son serias. Otras pueden ser muy severas. Lleve a su hijo inmediatamente al médico si tiene dolor, fiebre o vómitos.

- Es normal que el bebé tenga alrededor del ombligo una hernia más pequeña que el tamaño de una moneda de 25 centavos. Desaparecerá cuando aprenda a caminar.

- No le ponga nada ajustado alrededor del ombligo si tiene una hernia. Puede dañar la piel de su bebé.

Reflujo

¿Qué es?

Después de comer, el bebé vomita 1 ó 2 tragos de leche o jugo gástrico. Muchos bebés tienen reflujo después de comer. Se puede producir con un eructo.

¿El niño tiene alguno de estos síntomas?

- Devuelve una pequeña cantidad de lo que comió.
- Quiere volver a comer después del reflujo.

¿Qué puedo hacer en casa?

- Darle alimentos en cantidades más pequeñas.
- Espere 2½ horas entre comidas para que el estómago del bebé quede libre.
- Hágalo que saque los gases (eructar) después de tomar ½ onza líquida (casi 15 mililitros) de leche o preparado para lactantes (fórmula).
- No presione el estómago del bebé después de comer.

- El bebé debe estar tranquilo durante y después de las comidas. Mantenga la cabeza más alta que el nivel del estómago. Siéntelo después de comer.

- No ajuste demasiado el pañal al estómago.

¿Cuándo debo llamar al médico o a la enfermera?

- El reflujo contiene sangre.

- El bebé se ahoga o tose al producirse el reflujo.

- Tiene demasiado reflujo y no aumenta de peso.

- El reflujo cae a mucha distancia del bebé.

- Se produce cada vez con más frecuencia y fuerza.

¿Qué más debo saber acerca del reflujo?

- Grandes cantidades de alimento de una sola vez pueden originar el reflujo.

- También se puede originar al sostener las piernas del bebé contra el pecho del niño mientras se cambian los pañales.

- Reflujo no es lo mismo que vómito. El reflujo se produce inmediatamente después de alimentar al bebé. Es una pequeña cantidad de líquido y sale en forma de baba.

- Se interrumpe o disminuye cuando el bebé llega a los 10 ó 12 meses.

- Los bebés que toman leche materna tienen menos reflujo que los que se alimentan con preparados para lactantes (fórmulas).

Reflujo

- Quite las manchas causadas por el reflujo remojándolas en bicarbonato de sodio y agua. La leche materna no mancha la ropa.

Dolor de estómago

¿Qué es?

El niño se queja de dolor de estómago.

¿El niño tiene alguno de estos síntomas?

- El niño se acuesta y se toca la barriga o se sostiene las rodillas contra ella.
- Llora o grita de dolor.
- Vomita.
- Tiene diarrea.

¿Qué puedo hacer en casa?

- **No** le dé nada de comer ni de beber hasta que el dolor desaparezca.
- Haga que el niño se recueste y se relaje respirando profundo.
- Coloque un paño tibio o una almohadilla térmica sobre el estómago del niño.
- **No** le dé ninguna medicina para aliviar el dolor.

¿Cuándo debo llamar al médico o a la enfermera?

- El niño tiene menos de 2 años y le duele el estómago.
- Tiene un dolor intenso y no deja de llorar.
- Camina encorvado, agarrándose el estómago.
- Se recuesta y se niega a caminar.

Dolor de estómago

- Tiene un dolor en la parte inferior derecha del estómago durante más de 2 horas.

- Hay sangre en el excremento.

- Los dolores de estómago van y vienen durante 12 horas. El dolor no es causado por vómitos ni diarrea.

- El niño ha sido lastimado en el estómago.

- Al tocarlo, siente que el estómago está duro y le duele.

- Tiene fiebre y dolor intenso.

- Orina muy poco.

¿Qué más debo saber acerca del dolor de estómago?

- A menudo, el dolor de estómago desaparece en menos de 2 horas.

- El dolor de estómago se origina por diferentes factores, que incluyen:
  - gripa
  - demasiada comida
  - preocupación
  - alimentos en mal estado
  - estreñimiento.

Vómito

¿Qué es?

El niño arroja por la boca líquido del estómago.

¿El niño tiene alguno de estos síntomas?

- El vómito puede tener fragmentos de alimentos o sólo jugos gástricos.
- El niño tiene fiebre.
- Tiene diarrea.
- Tiene dolor de estómago.

¿Qué puedo hacer en casa?

- Coloque un recipiente cerca del niño(a) y si tiene el cabello largo áteselo en la nuca.
- Después de que vomite, ayúdelo a lavarse los dientes. Esto ayudará a quitar el mal gusto de la boca.
- No le dé nada de comer ni beber dentro de las 2 horas de haber vomitado.
- Cuando haya pasado 2 horas sin vomitar, el niño debe tomar líquidos puros a sorbos. Estas bebidas incluyen Pedialyte, Infalyte, Ricelyte o un producto de otra marca pero de características similares. Déle 1 cucharada cada 3 ó 5 minutos. Si es un niño mayor, déle 7-up sin burbujas (déjela reposar abierta durante 2 horas), gelatina y

paletas de helado. Si su hijo no vomita, duplique la cantidad cada una hora.

- Si no vomita durante 4 horas, déle más líquido.

- Comience a darle alimentos livianos pasadas las 8 horas sin vomitar. Entre estos alimentos se encuentran el pan tostado, el arroz, plátanos (bananas), puré de manzana y el puré de papas.

- Si pasado un día de comer alimentos livianos el niño no vomita, comience a darle lo que consume normalmente. Olvídese de la carne, la leche y los alimentos grasosos por unos días.

- 2 horas después de que el bebé haya dejado de vomitar:
  - Si lo está amamantando, siga haciéndolo. Agregue a la dieta una botella de suero oral infantil especial marca Pedialyte, Infalyte, Ricelyte o un producto de otra marca pero de características similares.

  - Si el bebé toma biberón, suspenda el preparado para lactantes (fórmulas). En su lugar, déle suero oral infantil especial marca Pedialyte, Infalyte, Ricelyte o un producto de otra marca pero de características similares. Después de un día vuelva a darle los alimentos que come normalmente.

¿Cuándo debo llamar al médico o a la enfermera?

- El bebé de 3 meses o menos y tiene vómitos.
- El niño no orina durante 6 horas.

- Llora sin lágrimas.
- Hay sangre en el vómito.
- Tiene un dolor de estómago muy fuerte.
- Vomita después de golpearse la cabeza o el estómago.
- Vomita después de un accidente.
- Tiene aspecto de enfermo.
- No deja de vomitar después de 12 horas.
- Tiene fuertes dolores de cabeza.

¿Qué más debo saber acerca de los vómitos?

- A menudo los bebés devuelven parte de lo que han comido durante o después de ser alimentados. (vea la página 106). Eso no es vomitar.
- El vómito puede estar asociado a otra enfermedad.
- Los vómitos pueden hacer que su hijo pierda mucho líquido. Esto se llama deshidratación.
- No le dé alimentos ni bebidas rojas. Si lo hace, el vómito parecerá sangre.
- Si al devolver lo hace con mucha fuerza, el vómito puede salirle por la nariz.

Orinar en la cama

115

9

Orinar en la cama

¿Qué es?

El niño está seco durante el día, pero se orina cuando duerme. Muchos niños mojan la cama por la noche. No se despiertan por la necesidad de *orinar*.

¿El niño tiene alguno de estos síntomas?

Por la mañana o en medio de la noche, la cama está mojada.

¿Qué puedo hacer en casa?

- No le dé de tomar nada 2 ó 3 horas antes de ir a dormir.

- Haga que orine antes de irse a la cama.

- Llévelo al baño antes de que usted se vaya a dormir.

- Despiértelo 1 ó 2 veces durante la noche para llevarlo al baño.

- Coloque plástico debajo de las sábanas para proteger el colchón.

- Deje una luz encendida en el baño.

- Intente colocar una bacinica (silla con orinal) al lado de la cama del niño.

- No se enfade ni se burle del niño. Él no tiene la intención de mojar la cama.

- Felicite a su hijo cuando amanezca con la cama seca.

- No le ponga pañales, a menos que él lo desee.

¿Cuándo debo llamar al médico o a la enfermera?

- El niño tiene fiebre o dolor de estómago.

- Se moja durante el día.

- Siente dolor o ardor al orinar.

- Hay sangre en la orina.

- Tiene más sed que de costumbre.

- Sigue orinándose en la cama a los 6 años.

- Desea obtener información sobre las alarmas contra el orinar en la cama. Estas alarmas despiertan al niño cuando comienza a mojar la cama.

- El niño no se ha orinado durante 6 meses o más y ahora ha comenzado a mojar la cama.

¿Qué más debo saber acerca del orinar en la cama?

- La mayoría de los niños dejan de mojar la cama a los 6 ó 7 años. El orinar en la cama puede durar hasta los años de adolescente y luego desaparecer.

La piel 10

Varicela

¿Qué es?

Es una enfermedad que presenta manchas rojas, ampollas y costras en todo el cuerpo. Provocan una comezón severa. La varicela es contagiosa.

¿El niño tiene alguno de estos síntomas?

- Fiebre
- Cansancio
- Manchas o protuberancias rojas que parecen ampollas.
- Aparecen manchas nuevas todos los días durante 3 a 5 días.

¿Qué puedo hacer en casa?

- Déle un baño con agua fresca. Agregue una taza de bicarbonato de sodio en el agua para aliviar la comezón.
- Para la fiebre déle Tylenol. Lea la etiqueta para averiguar la dosis. **No le dé aspirinas.**
- Córtele las uñas.

- Trate de evitar que el niño se rasque las manchas rojas.

- Aplíquele loción de calamina en las manchas rojas para aliviar la comezón.

- Cubra las manos del niño con calcetines o guantes de algodón. Esto evitará que se lastime al rascarse.

- Trate de evitar el contacto de su hijo con gente que no haya tenido varicela.

- El niño debe estar adentro y lejos del contacto del sol.

¿Cuándo debo llamar al médico o a la enfermera?

- La comezón no cesa.

- Hay úlceras en los ojos o en las partes genitales.

- Cuando el niño presenta alguno de los siguientes problemas:
  - ° fiebre alta   ° fuerte dolor de cabeza
  - ° vómitos   ° tos severa   ° convulsiones
  - ° tortícolis   ° se olvida de las cosas.

- Siente dolor al orinar.

- Las manchas parecen estar infectadas. Pueden estar:
  - ° supurando pus   ° inflamadas
  - ° muy rojas   ° muy ulceradas.

- El niño no toma líquido. Orina menos que de costumbre.

- Aparece la fiebre **después** de los primeros 2 a 3 días de enfermedad.

¿Qué más debo saber acerca de la varicela?

- Hay una vacuna que previene la varicela. Se le puede dar a niños de 1 año o más. Consulte su uso con el médico.

- Un niño que ha estado en contacto con alguien que padece de varicela, tardará entre 10 y 21 días en manifestar los síntomas.

- La mayoría de las manchas desaparece sin dejar marcas. Si se rasca, quedarán marcas llamadas cicatrices que no desaparecerán.

- El período de contagio de la varicela es de 7 días y puede producirse antes de que aparezcan las manchas rojas.

- Cuando un niño tiene varicela, lo primero que se ve son manchas rojas, llamadas eritema. Se transforman en ampollas y luego en costras.

- Cuando todas las manchas se transformen en costras, el niño ya no podrá contagiar la varicela y podrá regresar a la escuela.

Dermatitis (rozadura) causada por el pañal

¿Qué es?

Manchas rojas, en carne viva en el trasero o en los muslos (el área que cubre el pañal) del bebé. La mayoría de los bebés sufren dermatitis causada por el pañal, en especial a causa de los pañales húmedos.

¿El niño tiene alguno de estos síntomas?

- La piel está roja y en carne viva debajo del pañal.
- Las manchas rojas se pueden extender a los muslos, la barriga y la espalda.

¿Qué puedo hacer en casa?

- Cambie el pañal tan pronto se humedece.
- Toque el pañal cada hora, aun durante la noche. Cámbielo si está húmedo.
- Limpie el trasero del bebé cada vez que le cambie el pañal. Use agua tibia.
- Deje al bebé sin el pañal el mayor tiempo posible, por lo menos 15 minutos cada vez que lo cambie.
- Seque bien el trasero del bebé y úntele ungüento de óxido de cinc o Desitin.

- No use pantaloncitos de hule. Mantienen la piel húmeda.

- No use toallitas humedecidas (comerciales) para bebés. Pueden irritar y herir la piel.

- Use alguno de estos jabones neutros para lavar los pañales de tela:
  - Ivory Snow
  - Baby Soft
  - Fab para Piel sensible
  - Dreft

¿Cuándo debo llamar al médico o a la enfermera?

- La dermatitis no mejora en 3 días.

- Las manchas rojas se extienden al área que no cubre el pañal.

- Las manchas rojas:
  - se agrandan
  - son de un rojo intenso
  - son acuosas
  - se infectan
  - se abren y se ulceran.

- El bebé actúa como si estuviera enfermo.

¿Qué más debo saber acerca de la dermatitis causada por el pañal?

- Si su bebé presenta dermatitis causada por el pañal, intente solucionar el problema cambiando de marca de pañales.

- El talco puede empeorar la dermatitis. No se debe usar.

- La orina daña la piel y también empeora la dermatitis. Mantenga al bebé seco y limpio todo el tiempo.

Eczema

¿Qué es?

El eczema es piel seca que produce
comezón. Afecta a toda la familia.
Generalmente es más serio en bebés
y niños. Mejora a medida
que los niños crecen.

¿El niño tiene alguno de estos síntomas?

- Piel rojiza y reseca en las mejillas, detrás de las orejas, en la cara interna de los codos y en la parte posterior de las rodillas.

- Al tocarse, la piel parece tener protuberancias.

- Puede supurar un líquido transparente y formar costras.

¿Qué puedo hacer en casa?

- No haga nada que pueda resecar la piel, por ejemplo largos baños calientes.

- Dé a su bebé baños cortos y con agua fresca. Déjelo en el agua 5 minutos o menos. El jabón reseca la piel. Use muy poca cantidad de un jabón neutro, por ejemplo Dove.

- Seque la piel del bebé dando golpecitos leves. No talle la piel con la toalla.

- Aplique aceite o loción para bebé mientras la piel está húmeda. Repita el proceso 3 ó 4 veces al día.

- Para lavar la ropa use un jabón neutro.

- No toque ni se acerque a cosas que puedan empeorar la comezón.

- Vista al niño con prendas suaves de algodón. **No le ponga prendas ajustadas o de lana, por ejemplo spandex.**

- Evite que el niño se rasque. Mantenga las uñas del bebé cortas y las manos limpias.

- Si el médico le receta una crema, úsela según sus indicaciones. No deje de aplicar el aceite.

¿Cuándo debo llamar al médico o a la enfermera?

- El sarpullido presenta signos de infección. Esto incluye la supuración de pus y la sensación de calor.

- El niño tiene fiebre.

- La comezón no le permite dormir.

- Tiene aspecto de enfermo.

¿Qué más debo saber acerca del eczema?

- El niño puede tener otras enfermedades, por ejemplo asma, además del eczema.

- La crema o la loción que le da el médico puede causar dolor durante un período breve después de la primera aplicación.

- Si una clase de loción empeora el sarpullido, no la use.

- El eczema es un problema a largo plazo. Puede presentar mejorías por algún tiempo y luego reaparecer.

- El clima frío y seco puede empeorar el eczema.

Piojos

¿Qué es?

Pequeños insectos que viven en el cabello. También pueden propagarse por toda la casa.

¿El niño tiene alguno de estos síntomas?

- Comezón en la cabeza.

- Insectos grises que se mueven con rapidez.

- Muchos insectos se pueden alojar en la nuca.

- Los huevos de los piojos (liendres) pueden estar pegados al cabello cerca del cuero cabelludo. Parecen pequeñas partículas plateadas.

¿Qué puedo hacer en casa?

- Lave el cabello con un champú o enjuague acondicionador especialmente preparado para combatir los piojos. Puede adquirirlo en una farmacia.
  Hay varios que puede usar:
  - Enjuague acondicionador NIX

  - Champú Kwell

  - Champú RID

- Pida al médico que le sugiera cuál usar. Pregúntele si puede usar ese champú en bebés menores de 1 año.

- Estos champús y enjuagues acondicionadores son venenosos. Lea la etiqueta. Úselos con cuidado. Guárdelos fuera del alcance de los niños.

- Toda la familia debe usar este champú.

- Use un peine fino para quitar las liendres del cabello.

- Use una buena luz para encontrar las liendres. Quite las partículas plateadas con el cabello húmedo. Debe quitarlas todas.

- Lave todos los peines, cepillos y cintas o pañuelos de cabeza con el mismo producto y agua caliente.

- Lave las sábanas, chaquetas, peluches y otros objetos que hayan tenido contacto con la cabeza de su hijo. Use agua caliente.

- También será necesario que pase la aspiradora a los colchones, los muebles y las alfombras. Esto se hace para evitar que los piojos regresen.

- No olvide limpiar el interior de su automóvil.

¿Cuándo debo llamar al médico o a la enfermera?

- Los cuidados domésticos no acaban con los piojos.

- Los piojos regresan.

¿Qué más debo saber acerca de los piojos?

- Los piojos pueden aparecer aunque su niño esté limpio y bien cuidado.

- Si el niño tiene piojos, avise a la escuela para que se revise a los otros niños de la clase.

Piojos

- Los piojos pueden vivir sin estar en contacto con el cabello por 72 horas. Limpie la casa a fondo y mantenga a los niños alejados de los piojos.

- El champú contra los piojos quizá no mate a las liendres. Por lo tanto, deberá quitarlas del cabello usted mismo.

- Revise la cabeza de todas las personas en la casa diariamente durante 7 días. Lave con un producto especial, si es necesario.

- Los niños pueden regresar a la escuela cuando se haya lavado el cabello con el champú especial y eliminado todas las liendres.

- No es necesario que use insecticidas para rociar los muebles ni la casa.

- Enseñe a sus hijos que no deben compartir artículos para el cabello con los demás. Entre ellos, sombreros, peines y cintas o pañuelos de cabeza.

Sarpullido causado por el calor

¿Qué es?

Pequeñas protuberancias en el cuello, la espalda, el pecho y los hombros. El sarpullido causado por el calor puede aparecer en cualquier parte del cuerpo.

¿El niño tiene alguno de estos síntomas?

- Protuberancias rojas o rosadas en el cuello, la espalda y los hombros.

¿Qué puedo hacer en casa?

- Vista al bebé con prendas livianas.

- No use aceites ni cremas para la piel.

- Dé al bebé baños con agua fresca y sin jabón.

- Deje que la piel del bebé se seque con el aire.

¿Cuándo debo llamar al médico o a la enfermera?

- El sarpullido empeora. Las manchas pueden aumentar su tamaño y ser acuosas.

- El sarpullido no mejora en 3 días.

- El niño tiene fiebre.

¿Qué más debo saber acerca del sarpullido causado por el calor?

- El sarpullido causado por el calor se llama fiebre miliar.

- La mayoría de los casos se da en los lugares de clima cálido.

- Los niños pueden contraerlo en lugares de clima frío si están muy abrigados o si se les aplican cremas o aceites en la piel.

Prurigo

¿Qué es?

Es una reacción alérgica a ciertos alimentos, picaduras de insectos u otros agentes que originan manchas rojizas o rosadas en la piel. Estas manchas pueden aparecer en un área pequeña de la piel o en todo el cuerpo.

¿El niño tiene alguno de estos síntomas?

- Manchas rojizas o rosadas inflamadas de diferentes tamaños y formas llamadas ronchas.
- El niño padece una comezón severa.
- Las manchas pueden aparecer y desaparecer.

¿Qué puedo hacer en casa?

- Dé al niño baños con agua fresca.
- Aplíquele loción de calamina en el prurigo para calmar la comezón.
- Evite el contacto con aquello que produjo el prurigo. Trate de recordar qué hizo o comió el niño fuera de lo normal.

Caldyphen Lotion
External Analgesic

Calamine-
Antihistamine lotion

¿Cuándo debo llamar al médico o a la enfermera?

- El niño tiene dificultades para respirar o tragar.
- Se le hincha la lengua.

Prurigo

- Tiene dolor de estómago, fiebre o dolores en las articulaciones.
- El prurigo dura más de 1 ó 2 días.

¿Qué más debo saber acerca del prurigo?

- Los alimentos que, por lo general, causan prurigo son:
  - Huevos
  - Leche
  - Trigo
  - Fresas, frambuesas, moras, etc.
  - Chocolate
  - Mariscos
  - Nueces
  - Queso
- También lo pueden causar ciertas medicinas, picaduras de insectos o flores.
- Es posible que nunca descubra la causa de la urticaria del niño.

Impétigo
(Úlceras infectadas)

¿Qué es?

Infección de la piel de fácil propagación.

¿El niño tiene alguno de estos síntomas?

- Úlceras rojizas en cualquier parte del cuerpo.
- Úlceras supuratorias que luego se ponen amarillentas y forman una costra.
- Se pueden contagiar de un lado al otro del cuerpo.

¿Qué puedo hacer en casa?

- Lave las úlceras con agua tibia entre 15 y 20 minutos. Haga esto para aflojar las costras.
- Use un jabón medicinal que puede comprar sin receta, como el Betadine. No talle las úlceras.
- Corte las uñas del niño. Manténgalas limpias.
- Si hay supuración, cubra las úlceras con una venda limpia.

¿Cuándo debo llamar al médico o a la enfermera?

- Sospecha que su hijo tiene impétigo.
- Las úlceras se agrandan.
- Se extienden hacia otras partes del cuerpo.
- El niño tiene aspecto de enfermo.

- Tiene las articulaciones hinchadas o doloridas, incluidos codos o rodillas.

¿Qué más debo saber acerca del impétigo (úlceras infectadas)?

- Es de fácil contagio.
- El niño puede regresar a la escuela después de comenzado el tratamiento, si todas las úlceras están cubiertas.
- Lave todos los elementos que haya usado el niño infectado. Esto evita que la infección se propague.
- Mantenga las manos del niño limpias y las uñas cortas.
- Separe las toallas y la ropa del niño de las del resto de la familia.

Urticaria

¿Qué es?

Un sarpullido rojizo y abultado, causado al tocar un roble o hiedra venenosa. También puede aparecer al tocar algo que haya estado en contacto con estas plantas.

Hiedra Venenosa

¿El niño tiene alguno de estos síntomas?

- Granitos rojizos
- Sarpullido que causa comezón
- El sarpullido aparece entre las 12 y las 48 horas posteriores al contacto con la planta.

¿Qué puedo hacer en casa?

- Lave la piel con jabón y agua fresca.
- Cubra la zona con una toalla fresca.
- Corte las uñas del niño y mantenga las manos limpias.
- Aplique loción de Calamina para calmar la comezón.
- Lave la ropa y el calzado que haya estado en contacto con el roble o la hiedra venenosa.

¿Cuándo debo llamar al médico o a la enfermera?

- El sarpullido no desaparece con los cuidados domésticos.

¿Qué más debo saber acerca de la urticaria?

- Muestre al niño el aspecto que tienen el roble y la hiedra venenosa. Enséñele que no debe tocarlos.
- El sarpullido puede durar entre 2 y 3 semanas.

Sarna

¿Qué es?

Sarpullido que da comezón y es causado
por pequeños insectos.

¿El niño tiene alguno de estos síntomas?

- Pequeños granitos rosados que aparecen en línea por el cuerpo.

- Comezón intensa que empeora por la noche.

- El sarpullido aparece en dedos, muñecas, axilas, cintura y partes genitales. Puede estar en cualquier parte del cuerpo.

- Los bebés pueden tener sarpullido en la planta de los pies o en la palma de las manos.

- Usted no podrá ver los insectos porque son diminutos.

¿Qué puedo hacer en casa?

- Aplique la medicina dermatológica que le indique el médico por todo el cuerpo.

- Es probable que el médico le recete la medicina a toda la familia.

- Lave toda la ropa, sábanas y toallas con agua caliente.

¿Cuándo debo llamar al médico o a la enfermera?

- Cree que su hijo tiene sarna. Necesitará la receta de una medicina dermatológica.

¿Qué más debo saber acerca de la sarna?

- El sarpullido puede durar entre 1 y 2 semanas después de comenzar el tratamiento con la medicina.

- Los insectos diminutos pasan de una persona a otra por proximidad. También pueden moverse de una parte a la otra del cuerpo.

- No se ven a simple vista.

- La sarna puede afectar a cualquiera. No es un signo de falta de higiene.

Quemaduras de sol

¿Qué es?
Quemadura en la piel causada por el sol.

¿El niño tiene alguno de estos síntomas?

- La piel se pone rosada o rojiza por una quemadura de 1° grado.

- Presenta ampollas causadas por una quemadura de 2° grado.

- La piel está hinchada y dolorida.

¿Qué puedo hacer en casa?

- Dé al niño baños con agua fresca.

- Cubra la quemadura con un paño o una toalla humedecida con agua fría.

- Déle Tylenol para calmar el dolor. Lea la etiqueta para averiguar la dosis.

- El gel de aloe vera (sabila) calma el dolor.

- No use mantequilla, ungüentos ni ninguna otra loción para la piel, por ejemplo benzocaína, sobre la quemadura.

- Déle más líquido.

- No pase jabón por la piel del niño durante algunos días.

- Vístalo con prendas livianas y frescas.

- No abra las ampollas. Se pueden infectar. Si una ampolla se rompe, lávela con jabón neutro y agua. Deje que se seque con el aire.

¿Cuándo debo llamar al médico o a la enfermera?

- El niño tiene fiebre.
- Le molesta la luz.
- Está muy dolorido.
- Tiene ampollas en la piel.

¿Qué puedo hacer para evitar las quemaduras de sol?

- Si el bebé tiene menos de 6 meses, póngalo a la sombra. Protéjalo con un sombrero, prendas de mangas largas y pantalones.
- No use protectores solares en bebés de menos de 6 meses.
- Nunca lo exponga al sol directo.
- Si el niño tiene más de 6 meses, use un protector solar con factor de protección (SPF) de 25 o superior, hasta en días nublados. Aplíquele el protector por lo menos 30 minutos antes de salir al sol. Lea la etiqueta y siga las instrucciones.

- Asegúrese de aplicarle protector solar en las orejas y en los empeines.
- Repita la aplicación después de que el niño nade o sude.
- Para evitar que el pequeño se coma el protector solar, evite los labios, la boca y las manos. Si el protector entra en contacto con las manos o la boca del bebé, láveselas.

- Su bebé puede tener quemaduras de sol en los ojos. Debe usar anteojos para sol y un sombrero que le proteja el rostro. Los anteojos deben proporcionarle una protección contra rayos UV del 100%.

¿Qué más debo saber acerca de las quemaduras de sol?

- Las quemaduras de sol son malas para la piel. Pueden causar cáncer.

- El niño puede quemarse severamente con el sol en sólo 15 minutos. Asegúrese de que use protector solar cuando esté al aire libre.

Las quemaduras por sol también pueden producirse:

- Dentro del automóvil. Use protección en las ventanillas para resguardar al niño del sol.

- Cuando el día está nublado. Las nubes no lo protegen. El niño debe usar protector solar y un sombrero cada vez que salga.

- A través de prendas livianas y finas. Aplique protector solar debajo de la camiseta y de los pantalones.

- A través de la ropa húmeda.

- El agua aumenta el efecto del sol. Mientras juega en el agua pueden producirse quemaduras de sol severas. Aplique protector solar con frecuencia. No permita que su hijo juegue en el agua al sol.

- Enséñele que debe aplicarse protector solar toda vez que esté al aire libre.

Qué hacer cuando su niño se lastima

Notas

Mordeduras

¿Qué son?

Mordeduras de una persona o un animal, por ejemplo perros, gatos, ratas y otros.

¿El niño tiene alguno de estos síntomas?

- Tiene marcas de dientes en la piel.
- Puede estar rasgada y sangrar.
- El área está caliente y enrojecida. Puede supurar pus.

¿Qué puedo hacer en casa?

- Si hay hemorragia, presione el área con un paño limpio.
- Lave la piel con jabón y agua tibia.
- Cubra la herida con una curita (Band-Aid) o venda.
- Investigue si el animal que mordió a su hijo está vacunado contra la rabia.

¿Cuándo debo llamar al médico o a la enfermera?

- La mordedura desgarró la piel.
- Es de un animal salvaje.
- Es de una mascota que quizás no esté vacunada contra la rabia.
- El animal tiene un comportamiento extraño.
- El animal tiene espuma en la boca.

- Su hijo presenta signos de infección. Esto incluye fiebre, enrojecimiento, dolor o hinchazón.

¿Qué más debo saber acerca de las mordeduras?

- Todas las mascotas deben estar vacunadas contra la rabia.
- Enseñe a su hijo que no debe tocar mascotas que no conoce.
- Enséñele a mantenerse alejado de los animales que estén comiendo.

Hemorragia

¿Qué es?

Sangre que brota de la piel.

¿El niño tiene alguno de estos síntomas?

- Sale sangre de color rojo intenso de una herida en la piel.
- El niño parece débil.
- El niño no sabe dónde está.
- Entra en un sueño profundo (desmayo o pérdida del conocimiento).

¿Qué puedo hacer en casa?

- El niño debe recostarse.
- Coloque el área que sangra por encima del nivel del corazón.

- Mantenga al niño abrigado, que no pase frío.
- Quite de la herida todo lo que se pueda eliminar fácilmente. No intente quitar nada que esté muy profundo. Tampoco trate de sacar o cortar nada.

- Coloque un paño limpio sobre el área de la hemorragia. Presione con fuerza.

- Si el paño se empapa, aplique otro encima del primero sin quitar el primero. Siga presionando firmemente, pero evite causar dolor.

- Si hay un hueso u otro objeto saliendo en la herida, presione alrededor. No presione el objeto.

- Si la hemorragia no se detiene, apriete los puntos de presión con fuerza. Los puntos de presión se encuentran entre el corazón y el lugar donde se produce la hemorragia.

¿Cuándo debo llamar al médico o a la enfermera?

- **Llame al 911** si hay hemorragia y no puede detenerla.

- Hay un hueso u otro objeto saliendo en la herida.

- No puede detener la hemorragia haciendo presión en el área.

¿Qué más debo saber acerca de la hemorragia?

- El niño puede perder mucha sangre a causa de la hemorragia. Esto se llama "shock." **Llame al 911 si su hijo presenta signos de "shock."**

- **Son signos de "shock":**

- Los puntos negros en el centro de los ojos (pupilas) se agrandan.
- La piel está fría y húmeda.
- El pulso (latido) es rápido y débil.
- Respiración agitada.
- El niño tiene el estómago revuelto (náusea).
- Devuelve (vomita).
- Tiene sed (**no le dé nada de beber**).
- No sabe dónde está (está confundido).
- Está débil.
- Entra en un sueño profundo del que no se le puede despertar.

Fracturas

¿Qué es?

Una quebradura o rotura de un hueso.
Es causada por una caída o un accidente.

¿El niño tiene alguno de estos síntomas?

- Tiene mucho dolor.
- El área alrededor del hueso se hincha.
- El niño se niega a usar la pierna o el brazo.
- A través dc la picl, el hueso parece estar doblado.
- Si la piel está rasgada, se puede ver el hueso.
- Es posible que escuche el sonido que produce el hueso en el momento de la caída.

¿Qué puedo hacer en casa?

- Entablille el brazo o la pierna fracturada. Para hacerlo, use cualquier objeto que pueda atar a una parte del cuerpo a fin de inmovilizarla. Puede usar un periódico, una revista enrollada o una varilla.

- No lo apriete demasiado para permitir el paso de la sangre al área.

Fracturas

- Si cree que el niño tiene un hueso de la pierna fracturado, no permita que camine apoyándose en él.

- Aplique hielo en el área para disminuir el dolor y la hinchazón.

- No le dé nada de comer ni beber hasta haber visitado al médico.

- **No espere para llevar al niño al médico ni a la clínica.** Un hueso fracturado debe ser revisado de inmediato.

¿Cuándo debo llamar al médico o a la enfermera?

- Usted cree que su hijo tiene un hueso fracturado.

¿Qué puedo hacer para evitar las fracturas?

- Nunca deje solo a un niño pequeño en un lugar elevado, ni siquiera por algunos segundos. Esto incluye sofás, cambiadores o carritos de compras. El niño puede sufrir una caída seria.

- Las barandas de la cuna siempre deben llegar a la altura de la barbilla del bebé.

- No use un andador. El bebé puede caerse o chocar contra una puerta de seguridad.

- Ponga cerraduras de seguridad en todas las ventanas. El niño puede abrir una ventana y caer.

¿Qué debo saber sobre las torceduras?

- Es probable que el médico le diga que el niño tiene una torcedura. No es tan serio como una fractura, pero puede causarle gran dolor.

- Durante las primeras 24 horas aplique hielo. Envuélvalo en un paño y colóquelo sobre la torcedura. Hágalo durante 30 minutos cada 4 horas mientras el niño esté despierto.

- Haga descansar la parte afectada en una almohada sobre el nivel del cuerpo. No permita que el niño use la parte afectada.

- Déle Tylenol para calmar el dolor. Lea la etiqueta para averiguar la dosis.

- Es probable que el médico le indique usar una almohadilla térmica o una toalla empapada en agua tibia sobre la torcedura después de las primeras 24 horas.

- Llame al médico o a la enfermera si la torcedura no mejora dentro de los 3 ó 4 días.

Contusiones (moretones)

¿Qué es?

Marcas oscuras sobre la piel causadas por hemorragias subcutáneas. Las contusiones aparecen cuando el niño se cae o se lastima. Tardan aproximadamente dos semanas en desaparecer.

¿El niño tiene alguno de estos síntomas?

- La piel tiene una marca de color negro, marrón, azul, púrpura, verde o amarillo.
- Es probable que, al principio, la piel enrojezca y se hinche (inflame).

¿Qué puedo hacer en casa?

- La mayoría de las contusiones no requieren cuidados especiales.
- Puede usar hielo para las contusiones de gran tamaño. Envuelva el hielo en un paño. Aplíquelo durante 30 minutos cada 4 horas mientras el niño esté despierto. Hágalo durante las primeras 24 horas.
- Después de las 24 ó 48 horas, puede usar calor con una almohadilla térmica o una toalla empapada en agua tibia.

¿Cuándo debo llamar al médico o a la enfermera?

- El niño tiene contusiones y no se ha caído ni se ha lastimado.

Contusiones (moretones)

- Cree que hay un hueso fracturado.
- Tiene demasiadas contusiones.

Picaduras de insectos

¿Qué es?

Una picadura de insecto que causa dolor o comezón. El insecto puede ser una abeja, garrapata, pulga, hormiga, mosca, araña, avispa, mosquito u otros.

¿El niño tiene alguno de estos síntomas?

- El área se hincha (inflama)
- Enrojecimiento
- Todo el cuerpo del niño se hincha y enrojece.
- Respira con dificultad.

¿Qué puedo hacer en casa?

- Puede haber quedado un aguijón en la piel. Quítelo suavemente con la uña.
- Envuelva hielo en un paño. Aplíquelo sobre la picadura.
- Mezcle bicarbonato de sodio y agua hasta formar una pasta. Si el niño está dolorido, aplique esta pasta en el área.
- Aplique loción de Calamina para calmar la comezón.
- Corte las uñas del niño. Manténgalas limpias para que no pueda lastimarse si se rasca.

¿Cuándo debo llamar al médico o a la enfermera?

- **Llame al 911** si el niño tiene problemas para respirar o si se le hincha la cara. Es una emergencia.

- Al niño le aparece un sarpullido en todo el cuerpo. Tiene comezón o hinchazón después de haber sido picado. Esto se llama reacción alérgica.

- Hay signos de infección. Esto incluye enrojecimiento, hinchazón, supuración de pus amarillo por la herida o fiebre.

- El niño tiene mucho dolor y aspecto de enfermo.

- Tiene menos de 3 meses y lo pica un insecto.

¿Qué más debo saber acerca de las picaduras de insectos?

- Para evitar las picaduras de insectos, póngale camisas de mangas largas y pantalones.

- No use perfumes ni ninguna otra loción de olor dulce cuando esté al aire libre.

- Aplique repelente contra insectos. Lea la etiqueta y siga las instrucciones. Evite el contacto del repelente con el rostro.

- Enseñe a su hijo que debe permanecer alejado de los panales de abejas y demás lugares donde haya insectos.

- No salga al atardecer.

Hematomas (chichón) en la cabeza

¿Qué es?

Su hijo se cae o se golpea la cabeza.

¿El niño tiene alguno de estos síntomas?

- Tiene una protuberancia de dimensiones considerables en la cabeza.
- Tiene una cortada en la cabeza que sangra.
- Tiene convulsiones.
- Se desvanece (pierde el conocimiento) por unos instantes.
- Devuelve (vomita).
- Está confundido.

¿Qué puedo hacer en casa?

- Si tiene hemorragia, sostenga una toalla firmemente en el área afectada entre 10 y 15 minutos.
- Coloque una bolsa de hielo sobre el chichón. También puede envolver un poco de hielo en un paño.
- Si el chichón que se formó es pequeño, su hijo volverá a jugar después de lloriquear unos instantes. En este caso, ocúpese del chichón cuando regrese a casa. Preste atención a cualquier anormalidad. Si tiene dudas, llame de inmediato al médico.

- Despierte al niño cada 2 horas durante las primeras 24 horas. Fíjese si se producen cambios en los ojos. Preste atención a cualquier signo de debilidad en alguna parte del cuerpo. Verifique que no vomite.

¿Cuándo debo llamar al médico o a la enfermera?

- Su hijo se desvaneció después de la caída. Quizás sea sólo por un instante.

- No puede detener la hemorragia de una cortada en la cabeza.

- El niño llora por más de 10 minutos sin cesar.

- Tiene convulsiones.

- Se adormece. Es difícil hacer que se despierte.

- No reconoce las cosas con tanta claridad como antes.

- No camina ni habla como antes.

- Tiene los ojos diferentes. Pueden estar bizcos o haber cambiado el tamaño de las pupilas.

- Sale sangre o agua por los oídos o por la nariz.

- Vomita en grandes cantidades o más de una vez.

- Parece confundido.

¿Qué puedo hacer para evitar lesiones en la cabeza?

- Su hijo siempre debe usar un casco para practicar ciertos deportes. Esto incluye andar en bicicleta, patines y patineta o monopatín. El casco debe cubrir la parte superior de la frente.

- Lleve al niño en el asiento trasero del automóvil. Es el lugar más seguro. El niño debe ir siempre en un asiento para niños o usar el cinturón de seguridad.

- Si el asiento del acompañante tiene bolsas de aire, **nunca** lleve al niño en el asiento delantero.

- El asiento del niño dependerá de la edad y el peso del niño.

  - Coloque a los niños de hasta 20 libras (9 kilos) en un asiento para bebés en dirección hacia la parte trasera del automóvil. El asiento debe estar inclinado hacia atrás.

  - Coloque a los niños de más de 20 libras (9 kilos) y un año en un asiento para niños en dirección hacia la parte delantera del automóvil.

  - Coloque a los niños de 4 años que pesan 40 libras (18 kilos) en un asiento auxiliar con el cinturón de seguridad ajustado. Baje el cinturón de seguridad que sujeta el hombro para que ajuste los hombros y no el cuello del niño.

- Nunca deje a un niño solo en un lugar elevado de donde pueda caerse.

- Las barandas de la cuna siempre deben llegar a la altura de la barbilla del bebé.

- Coloque una barrera para impedir que el niño tenga acceso a las escaleras.

- Cierre con llave todas las puertas que conducen a las escaleras.

Hematomas (chichón) en la cabeza

- Nunca sacude ni golpee al bebé. El cráneo de su bebé es muy blando y esto puede herirlo y llegar a matarlo.

Quemaduras

¿Qué es?

Lesión en la piel causada por calor, líquidos calientes, gas, descarga eléctrica, productos químicos o radiación. Hay tres tipos de quemaduras:

- 1er grado—Está quemada la epidermis.
- 2do grado—Está quemada la dermis.
- 3er grado—Las quemaduras son muy profundas.

¿El niño tiene alguno de estos síntomas?

- La piel está enrojecida, caliente al tacto y dolorida.
- Hinchazón.
- Hay ampollas.
- La piel está blanca, marrón o negra.

¿Qué puedo hacer en casa?

- Si las prendas están en llamas, el niño entrará en pánico y correrá. Usted debe:
  - Tomarlo con rapidez. Hacerlo rodar por el suelo para apagar el fuego.
  - Cubrirlo con una manta, abrigo o alfombra para apagar el fuego.
  - Puede usar agua a menos que el fuego haya sido causado por grasa.

- En ese caso, use bicarbonato de sodio o un extinguidor de incendio.

- Moje con agua fría la zona quemada inmediatamente. Esto evitará que el ardor aumente. También aliviará el dolor.

- No aplique hielo sobre la piel.

- Quite la ropa quemada, a menos que esté adherida a la piel.

- Si la piel supura, cúbrala con un paño limpio.

- Si está seca, cúbrala con un paño limpio y humedecido con agua fresca.

- No aplique mantequilla, grasa ni talco en la quemadura.

- Déle Tylenol para aliviar el dolor.
  Lea la etiqueta para averiguar la dosis.

- No abra las ampollas. Si eso ocurre, lávelas con agua y jabón. Cúbralas con un paño limpio.

¿Cuándo debo llamar al médico o a la enfermera?

- La quemadura es más grande que la mano del niño.

- La piel tiene ampollas.

- La quemadura está en la cara, manos, pies, partes genitales o en una articulación, por ejemplo la rodilla.

- Usted cree que la quemadura es grave.

- La piel quemada está blanca, marrón o negra.

- Hay signos de infección. Estos signos incluyen hinchazón, pus o fiebre.

- La quemadura no mejora después de 3 días.

Quemaduras

¿Qué puedo hacer para evitar quemaduras?

- Coloque detectores de humo en todos los dormitorios y en el corredor. Cambie las baterías cada 4 ó 6 meses.

- Tenga un extinguidor de incendio. Aprenda a usarlo.

- Ponga el calentador de agua a 120°F (49°C). Esto evitará las escaldaduras.

- Siempre pruebe el agua del baño con el codo. Asegúrese de que esté a la temperatura adecuada para su hijo.

- Mantenga a los niños alejados de la estufa, las planchas y las tenacillas para rizar el cabello.

- Mantenga los fósforos, encendedores y otros objetos que queman alejados del alcance de los niños.

- Enséñeles que no deben jugar con fósforos ni otros objetos que puedan provocar un incendio.

- Enséñeles qué hacer en caso de incendio.

- A los niños les gusta estirarse y agarrar cosas. No deje las asas de las ollas al alcance de los niños.

- Nunca sostenga a su hijo mientras bebe un líquido caliente, por ejemplo café o mientras cocina en la estufa.

Quemaduras

- Nunca caliente el biberón o los alimentos de su hijo en un horno de microondas. Algunas partes pueden causar quemaduras al niño.

Resucitación cardiopulmonar (CPR)

¿Qué es?

Es lo que debe hacer cuando un bebé o niño sufre un paro cardiorespiratorio. Esto puede suceder porque el niño se ahogó, recibió una descarga eléctrica o se asfixió. La resucitación cardiopulmonar (CPR) proporciona aire al niño y mantiene la circulación de sangre en el cuerpo.

Para aprender a hacer CPR, respiración boca a boca, o ayudar a un niño que está asfixiado, debe tomar un curso de primeros auxilios. Estos cursos son ofrecidos por la Cruz Roja Americana, la Asociación Americana del Corazón o el hospital local. Llame a cualquiera de estas instituciones para informarse acerca de los mismos.

Este libro le dice cómo proceder en caso de emergencia. Para hacerlo correctamente, debe tomar una clase.

¿El niño tiene alguno de estos síntomas?

- La piel del niño está pálida o amoratada.
- El pecho no se le mueve.
- El niño no se mueve. Parece estar sumido en un sueño profundo.

¿Qué puedo hacer por un bebé (menor de 1 año)?

1. Trate de despertarlo. Si no se despierta, grite pidiendo ayuda. Pida a alguien que **llame al 911.**

2.   Coloque al niño sobre una superficie dura, por ejemplo el suelo o una mesa. Póngalo de espaldas.

3.   Incline la cabeza del bebé hacia atrás elevando la barbilla con una mano y empujando la frente hacia atrás con la otra. No cierre la boca del bebé.

4.   Fíjese si el pecho del bebé se mueve. Verifique que haya sonido de respiración. Ponga la mejilla junto a la boca del bebé y fíjese si siente aire en la mejilla.

5.   Si el bebé no está respirando, hágale respiración boca a boca. Abra su boca y aspire. Cubra la nariz y la boca del bebé con su boca, sellando el área completamente.

6.   Exhale 2 veces. Las exhalaciones deben durar entre 1 y 1½ segundos. Entre una y otra, tome aire. Fíjese si el pecho del bebé comienza a moverse. Mantenga la cabeza del bebé inclinada hacia atrás y con la boca abierta.

7.   Si no logra que el pecho recupere el ritmo normal mientras exhala en la nariz y en la boca del bebé, vuelva a intentarlo. Si al hacerlo por segunda vez el pecho no se mueve, siga las instrucciones de la página 62 para ver qué hacer si el bebé se asfixia.

8.   Verifique que el corazón del bebé siga latiendo tomándole el pulso. Coloque 2 ó 3 dedos en la parte

superior interna del brazo del bebé, entre el codo y el hombro. Presione suavemente con los dedos para tomarle el pulso.

9. Si no hay pulso, comience con el masaje cardíaco. Coloque 2 ó 3 dedos, 1 dedo por debajo de la mitad de una línea imaginaria que se dibuja entre las tetillas del bebé. Presione hundiendo el pecho del bebé entre ½ y 1 pulgada (entre 1 y 2.5 centímetros).

10. Presione 5 veces y luego haga respiración boca a boca 1 vez. Repita el proceso de respiración por lo menos 20 veces por minuto y presione 100 veces por minuto. Cuente para poder seguir este ritmo.

11. Luego de realizar CPR 1 vez, vuelva a tomar el pulso del bebé. Si lo siente, interrumpa el masaje cardíaco. Verifique que esté respirando poniendo la mejilla junto a la boca del bebé.

12. Si no hay pulso, continúe con el masaje cardíaco. Si hay pulso, pero no hay respiración, continúe con la respiración boca a boca.

13 No interrumpa CPR hasta que el bebé esté bien o alguien se haga cargo de la situación. Si nadie viene en su ayuda pasado un minuto de practicar CPR, **llame al 911.**

Resucitación cardiopulmonar (CPR)

¿Qué puedo hacer por un niño (mayor de 1 año)?

1. Trate de despertarlo. Si no se despierta, grite pidiendo ayuda y solicite que **llamen al 911.**

2. Coloque al niño de espaldas sobre una superficie dura, por ejemplo el suelo.

3. Incline la cabeza del niño hacia atrás elevando la barbilla con una mano y empujando la frente hacia atrás con la otra. Manténgale la boca abierta.

4. Fíjese si el pecho del niño se mueve. Verifique que haya sonido de respiración. Ponga la mejilla junto a la boca del niño y fíjese si siente aire en la mejilla.

5. Si el niño no está respirando, practíquele respiración boca a boca. Manténgale la nariz cerrada con el pulgar y el índice, siempre con la cabeza echada hacia atrás. Abra bien la boca y aspire profundamente. Cubra la boca del niño con su boca, sellando el área completamente. Exhale 2 veces en la boca del niño. Las exhalaciones deben durar entre 1 y 1½ segundos. Entre una y otra, tome aire.

6. Fíjese si el pecho del niño se mueve. Mantenga la cabeza del niño inclinada hacia atrás y con la boca abierta.

7. Si no logra que el pecho recupere el ritmo normal mientras exhala en la boca del niño, vuelva a intentarlo. Si al hacerlo por segunda vez el pecho no se mueve, siga las instrucciones de la página 62 para ver qué hacer si el niño se asfixia.

8. Verifique que el corazón del niño esté latiendo tomándole el *pulso* en el lado del cuello. Toque el huesito que sobresale en la parte delantera del cuello (nuez de la garganta) justo debajo de la barbilla. Luego mueva los dedos hacia el lado del cuello. Presione suavemente con los dedos para tomar el pulso.

9. Si no hay pulso, comience con el masaje cardíaco. Coloque el talón de la mano sobre la mitad inferior del esternón. Presione hundiendo el pecho del niño entre 1 y 1½ pulgadas (entre 2.5 y 4 centímetros). Debe estar de rodillas al lado del niño.

10. Presione 5 veces y luego haga respiración boca a boca 1 vez. Repita el proceso de respiración por lo menos 20 veces por minuto y presione 100 veces por minuto. Cuente para poder seguir este ritmo.

11. Luego de realizar CPR 1 vez, vuelva a tomar el pulso del niño. Si lo siente, interrumpa el masaje cardíaco. Verifique que el niño esté respirando.

12. Si no hay pulso, continúe con el masaje cardíaco. Si hay pulso, pero no hay respiración, continúe con la respiración boca a boca.

13. No interrumpa CPR hasta que el niño esté bien o alguien se haga cargo de la situación. Si nadie viene en su ayuda pasado un minuto de practicar resucitación cardiopulmonar, **llame al 911.**

¿Qué más debo saber acerca de la resucitación cardiopulmonar (CPR)?

- La Cruz Roja Americana, la Asociación Americana del Corazón y los hospitales ofrecen cursos sobre resucitación cardiopulmonar (CPR). Debe tomar un curso a fin de estar preparado para una emergencia.

- Comience con CPR tan pronto encuentre a un niño que no tiene pulso (latido) o no está respirando.

- Es importante conseguir ayuda inmediatamente. Realice CPR durante un minuto y luego **llame al 911,** si no viene nadie en su ayuda.

- Si el bebé o el niño tiene pulso, no le presione el pecho.

Cortadas y rasguños (arañazos)

¿Qué es?

Lastimaduras o heridas en la piel.

¿El niño tiene alguno de estos síntomas?

- La piel está enrojecida, abierta y sangra.
- Hay algo de hinchazón.

¿Qué puedo hacer en casa?

- Lave bien la cortada con agua y jabón. Asegúrese de quitar todo resto de suciedad.

- Mantenga la cortada limpia y seca. No aplique aceites ni cremas.

- Detenga la hemorragia presionando sobre la cortada con un paño limpio por 10 minutos.

- Cambie la curita (Band-Aid) todos los días.

- Quite la curita (Band-Aid) antes de que el niño se vaya a dormir. Si se pega, ablándelo con agua tibia. Lave la cortada con agua y jabón. Quite la curita para que la cortada se seque y cicatrice.

170

Cortadas y rasguños (arañazos)

¿Cuándo debo llamar al médico o a la enfermera?

- La hemorragia no se detiene después de 10 minutos de poner presión.
- La piel está abierta o la cortada es más larga que ½ pulgada.
- Cree necesario aplicarle una dosis de vacuna contra el tétano al niño.
- En la piel hay líneas rojizas cerca de la cortada.
- Hay hinchazón alrededor de la cortada y supura pus.
- Ve algo dentro de la cortada, pero no puede quitarlo.

¿Qué más debo saber acerca de las cortadas y rasguños (arañazos)?

- La mayoría de las cortadas y rasguños se curan bien con los cuidados domésticos.
- Si la hemorragia no se detiene, vaya a la página 146 para obtener instrucciones sobre el modo de proceder.

Ahogo

¿Qué es?

El niño está debajo del agua y no puede respirar.

¿El niño tiene alguno de estos síntomas?

- La cara del niño está debajo del agua.
- El niño llora y tose al sacarlo del agua.
- Se tambalea y no respira al sacarlo del agua.

¿Qué puedo hacer en casa?

- Saque al niño del agua.
- Grite pidiendo ayuda. Pida a alguien que **llame al 911.**
- Coloque al niño de espaldas.
- Verifique que el niño esté respirando (vea la página 164)
- Hágale respiración boca a boca, si no respira (vea la página 164)

¿Cuándo debo llamar al médico o a la enfermera?

- El niño estuvo debajo del agua varios segundos.

¿Qué puedo hacer para evitar que el niño se ahogue?

- Un niño pequeño puede ahogarse en muy poca cantidad de agua, por ejemplo en una cubeta. No deje agua en las cubetas. Vacíe la piscina del bebé cuando no la use.

Ahogo

- Un niño pequeño también puede ahogarse en el inodoro (sanitario). Ponga un seguro en la tapa del inodoro. Cierre la puerta del cuarto de baño con llave o use una puerta de seguridad para que el bebé no pueda entrar.

- Mantenga la piscina del bebé vacía mientras no esté en uso.

- Nunca deje solo al niño cerca del agua. No corra riesgos, ni siquiera por algunos segundos.

- No deje solo al niño en la bañera. No corra riesgos, ni siquiera por algunos segundos.

- Coloque cercas alrededor de piscinas, spas, estanques y otras masas de agua.

- Enséñele a nadar. **Permanezca siempre con él.** Hasta un niño que sabe nadar puede ahogarse.

- Enséñele a no acercarse al agua solo.

- Enséñele que debe nadar siempre en compañía de un adulto.

Intoxicación (envenenamiento)

¿Qué es?

El niño come o inhala algo que lo enferma. Se puede intoxicar por varios agentes, por ejemplo productos de limpieza, vitaminas, drogas, medicinas, alcohol, pintura y plantas. La intoxicación es muy seria. El niño puede morir.

¿El niño tiene alguno de estos síntomas?

- Usted encuentra al niño con una botella o un recipiente de algo que es tóxico. La botella está abierta o vacía.
- El niño tiene quemaduras en los labios o en la boca.
- Tiene náuseas. Vomita sin motivo.
- No lo puede despertar.
- Tiene problema para respirar.
- Tiene dolor de estómago.
- Tiene convulsiones.

¿Qué puedo hacer en casa?

- Llame al centro de envenenamiento **¡inmediatamente!** Si no tiene el número, **llame al 911** o al 1–800–555–1212 y averigüe el número del centro de envenenamiento. Anótelo y déjelo cerca del teléfono para tenerlo a mano cuando lo necesite.
- Intente descubrir **qué** ha comido/tomado su hijo. A continuación, averigüe **cuánto** comió/tomó y **cuándo.**

Intoxicación (envenenamiento)

- No le provoque el vómito, a menos que se lo indiquen en el centro de envenenamiento.

- Es posible que en el centro de envenenamiento le indiquen que lo haga devolver (vomitar). Esto es lo que debe hacer:
    - Déle "jarabe de ipecacuana" y déle de beber grandes cantidades de agua. Lea la etiqueta para averiguar la dosis.
    - Si no tiene "jarabe de ipecacuana," ponga 3 cucharaditas de sal en un vaso con agua y hágaselo beber. También puede usar una cucharadita de mostaza deshidratada disuelta en un vaso con agua. Esto permitirá que el niño vomite y se deshaga de la sustancia venenosa.

- Cuando el niño comience a vomitar, colóquelo sobre su regazo boca abajo. La cabeza debe quedar por debajo del nivel de las caderas.

- Nunca le provoque vómitos si:
    - Está profundamente dormido (coma)
    - Tiene ardor en la boca o en la garganta
    - Comió/tomó algo que pudiera quemar la boca o la garganta como detergente, blanqueador o cera para pisos.

- Si le dicen que debe llevar al niño al médico, lleve la sustancia venenosa o la botella vacía consigo.

175

Intoxicación (envenenamiento)

¿Qué puedo hacer para evitar intoxicación (envenenamiento)?

- Compre medicinas con tapas a prueba de niños.

- Guarde las medicinas y las vitaminas fuera del alcance de los niños.

- Si tiene invitados en su casa, ponga sus medicinas fuera del alcance de los niños.

- Nunca le diga al niño que la medicina es un dulce.

- Lea bien la etiqueta antes de darle una medicina al niño. Durante la noche se cometen muchos errores. Encienda la luz y mire bien la etiqueta del envase.

- Guarde todos los productos de limpieza y otras sustancias venenosas en gabinetes cerrados con llave. El niño podría ingerirlas. No guarde jabón, productos de limpieza o productos similares debajo del fregadero o del lavamanos. Sólo puede hacerlo si **siempre** usa cerraduras de seguridad.

- Siempre guarde los productos en sus envases originales. No ponga sustancias venenosas en frascos de alimentos ni en botellas.

Intoxicación (envenenamiento)

- Ponga una etiqueta, como "Sr. Yuk" en frascos o botellas que tienen veneno. Enseñe al niño que no debe tocar nada que tenga la etiqueta "Sr. Yuk."

- No le permita que descascare y coma la pintura vieja. Su hijo puede sufrir una intoxicación de plomo.

- Nunca mezcle productos de limpieza como cloro y amoníaco. Puede despedir un gas que puede intoxicarlo seriamente.

¿Qué más debo hacer?

- Consiga el número del centro de envenenamiento. Téngalo cerca del teléfono. Busque en el directorio telefónico o llame al 1–800–555–1212. Anote el número.

- Guarde una botella de jarabe de ipecacuana entre las medicinas. No la deje al alcance de los niños.

- Indique a la niñera qué hacer en caso de envenenamiento.

- Enseñe a su hijo cómo **llamar al 911.**

Glosario

A

- **agua tibia**—Agua que no está ni fría ni caliente. Está a la misma temperatura que el cuerpo.

- **alcohol**—No es para beber. Líquido transparente usado para limpiar termómetros y demás.

- **alergia**—Tener síntomas no comunes (comezón, estornudo, urticaria, problema al respirar y hasta pérdida del conocimiento) por una medicina, alimento, planta, polvillo u otra sustancia.

- **ampolla**—Área elevada de la piel que contiene un líquido acuoso.

- **antibiótico**—Medicina indicada por el médico para matar gérmenes que causan una infección.

- **asma**—Enfermedad que cierra las vías respiratorias o el tubo respiratorio causada por un resfriado o por el contacto con humo, polvillo, mascotas o alguna otra cosa a la que el niño sea alérgico.

- **axila**—Zona que se encuentra debajo del brazo.

B

- **baba**—Líquido que sale de la boca.

- **bacterias**—Gérmenes que pueden afectar la salud.

- **baño de esponja**—Baño que se da con un paño fuera de la bañera.

Glosario

C

- **caries**—Hoyo en un diente causado por una ulceración en el hueso.

- **champú**—Jabón para el cabello.

- **chupón**—Objeto que se da al bebé para que succione y se calme.

- **coma**—Estado de sueño profundo causado por enfermedad o lesiones.

- **convulsión**—Contracción involuntaria de una persona o parte de su cuerpo.

- **costra**—Corteza dura de color marrón en la piel que se forma cuando se cura una ampolla, grano o cortada.

- **costroso**—Líquido o piel seca y vieja en el cuerpo.

D

- **dentista**—Médico que se encarga de la salud de la dentadura.

- **deshidratación**—Pérdida de demasiado líquido del cuerpo.

- **desmayo**—Sensación de flojedad que hace que una persona se desplome.

- **desvanecimiento**—Estado de adormecimiento durante el que no es posible despertar.

- **detectores de humo**—Dispositivo que en caso de incendio o humo emite un sonido fuerte.

- **dilatar**—Abrir más grande.

E

- **elevar**—Levantar, poner en alto.

- **enfermedad**—Afección o dolencia.

- **escalofrío**—Tener frío y temblar.

Glosario

- **espasmo**—Contracción involuntaria de un músculo.

- **estómago**—Lugar del cuerpo a donde van los alimentos. Se usa para denominar toda el área de la barriga.

- **etiqueta**—Rótulo de un envase de medicina que le indica cómo usarla. También especifica la composición y otros detalles. Siempre debe leerla antes de dar la medicina.

- **evacuación intestinal**—Es el modo en que despedimos la materia sólida (desechos) del cuerpo. Deposición (heces). Excremento.

F

- **farmacia**—Tienda donde se pueden adquirir medicinas.

- **farmacéutico**—Persona encargada de darle la medicina que el médico le receta. El farmacéutico puede asistirlo en la adquisición de las medicinas sin receta u otros suministros médicos.

- **fiebre**—El cuerpo tiene más temperatura que la normal.

- **fluoruro**—Componente del agua que fortalece los dientes.

G

- **gérmenes**—Algo que no puedes ver, pero te hace enfermar.

- **grano**—Pequeña protuberancia blanquecina o rojiza en la piel.

H

- **hinchazón**—Área que se inflama.

- **humidificador**—Máquina que rocía agua en el aire.

Glosario

I

- **inflamación**—Hinchazón
- **ingle**—Parte delantera del cuerpo donde se unen las piernas con el vientre.
- **inmunización**—Vacunas que se dan en ciertas edades para protegerse de algunas enfermedades.
- **inyecciones**—Medicinas que se aplican con una aguja por debajo de la piel.
- **irritación**—Area dolorosa del cuerpo.

L

- **lana**—Tipo de material textil muy abrigado.
- **lesión**—Herida.
- **limpiar con hilo dental**—Limpiar el espacio que está entre los dientes.

M

- **mareo**—Sensación de que la habitación gira.
- **medicina**—Sustancia que lo hará sentirse mejor.
- **mucosa**—Líquido espeso que protege la nariz, la garganta y otras partes del cuerpo. El cuerpo puede despedir mucosa durante una enfermedad.

O

- **ombligo**—Lugar que se encuentra en la mitad de la barriga y al que se unía el cordón umbilical.
- **oral**—Se refiere a la boca.
- **orina**—Desecho líquido del cuerpo.

Glosario

P

- **párpado**—piel que cubre el ojo.

- **pérdida de dientes**—Pudrición de los dientes.

- **pérdida del conocimiento**—No es posible despertar a alguien.

- **perilla de succión**—Elemento usado para sacar la mucosidad de la nariz.

- **Protección contra rayos UV**—Elemento del protector solar que protege a la piel del sol.

- **protector solar**—Loción que se aplica sobre la piel para protegerla de las quemaduras del sol.

- **pudrirse**—Echarse a perder.

- **pulso**—Sangre que circula por el cuerpo mediante el latido.

- **pupila**—Punto negro que se encuentra en el centro del ojo.

- **pus**—Líquido espeso que segrega el cuerpo cuando hay una infección. Es generalmente verde o amarillo y puede tener mal olor.

R

- **receta**—Orden del médico para comprar una medicina. Prescripción.

- **rectal**—Se refiere al recto.

- **recto**—Orificio de salida del excremento.

- **respiración**—Tomar y liberar aire de los pulmones.

S

- **sarpullido**—Manchas rojas en la piel.

- **shock**—Estado severo de flojedad o pérdida del conocimiento, sudor frío y pulso débil.

- **sin receta**—Medicinas que puede adquirir sin orden médica.

- **supuración**—Secreción de líquido.

T

- **temperatura**—Grado de calor del cuerpo.

- **termómetro**—Instrumento que se usa para medir la temperatura del cuerpo.

- **tímpano**—Piel delgada ubicada en la profundidad del oído que se mueve con el sonido y permite escuchar.

- **tiritar**—Sacudirse por el frío o la fiebre.

- **tos espasmódica**—Tos que no se puede detener por largo tiempo.

- **tragar**—Pasar los alimentos de la boca al estómago.

- **tráquea**—Tubo que une la parte posterior de la garganta con los pulmones.

- **tubos para ventilación o drenaje**—Pequeños tubos plásticos que el médico coloca en el tímpano para drenar el líquido de los oídos.

U

- **ungüento**—Medicina para la piel o los ojos.

V

- **vacunación**—Vacunas que se dan a ciertas edades para evitar enfermedades graves. También se les llama inmunización.

- **veneno**—Algo que hace que te enfermes seriamente si entra en tu cuerpo. Tóxico.

Glosario

- **vía respiratoria**—Tubo respiratorio que une la parte posterior de la garganta con los pulmones.

- **viral**—Se refiere a los virus.

- **virus**—Algo muy pequeño para ser percibido a simple vista que puede pasar de una persona a otra y enfermarlas.

- **vista borrosa**—Cuando no puede ver con claridad.

Agradecimientos

Deseamos agradecer a las siguientes personas por su colaboración durante la creación y la edición del libro y por los aportes que realizaron mediante sus consejos, críticas y comentarios:

Corby Bashaw
Gloria J. Bateman
Albert Barnett, Dr.
Linda Bednar
Stephanie Renee Booth, Dra.
Margaret Brandy,
    Dra., Enfermera diplomada, CPNP
Ben A. Carlsen,
    Dr. en Ciencias de la educación.
Lisa Deer
Robin King-Dodge
Dinesh Ghiya, Dr.
Diane Hebert, Maestría en Salud Pública
Marian Henry, RRT,
    Maestría en Salud Pública, Farmacéutica
Nancy Izuno
Laura Johnson
Nai Kang, Maestría en Salud Pública,
Farmacéutico
Gary F. Krieger, Dr.
Rita London
Victor London
Patricia Lovera
Judith Whitney Leonard,
    Enfermera diplomada,
    Maestría en enfermería, CPNP
Nancy McDade
Dora L. McMillan
Carol Mathews, Maestría en Salud Pública
Dana Mann,
    Maestría en Salud Pública, Farmacéutica
Thomas R. Mayer, Dr.

Chawn Naughton
Michael O'Neal
Greg Perez, Licenciado en ciencias
Dolores Ramos,
    Higienista Diplomada, RDH
Philip Rapa
Gary Richwald,
    Dr., Maestría en Salud Pública
Audrey Riffenburgh, Licenciado en letras
Nancy Rushton, Enfermera diplomada,
    Licenciado en enfermería
Duane Saikami, Dr. en Farmacia
Alma Sanchez
Suzanne Snyder
Carole Talan,
    Dr. en Ciencias de la educación
Robert Vouga,
    Licenciado en letras,
    Dr. en Ciencias de la educación
Elaine Weiner, Enfermera diplomada,
    Maestría en Salud Pública
Jacqueline Zazueta

187